文白对照 经典全译

西湖梦寻

【明】张岱 著
杨四平 杨柏林 译

贵州出版集团
贵州人民出版社

目录

[原文] 张岱自序

余生不辰，阔别西湖二十八载，然西湖无日不入吾梦中，而梦中之西湖，实未尝一日别余也。前甲午、丁酉，两至西湖，如涌金门、商氏之楼外楼、祁氏之偶居、钱氏余氏之别墅及余家之寄园，一带湖庄，仅存瓦砾，则是余梦中所有者，反为西湖所无。及至断桥一望，凡昔日之弱柳夭桃、歌楼舞榭，如洪水淹没，百不存一矣。余乃急急走避，谓余为西湖而来，今所见若此，反不若保吾梦中之西湖，尚得完全无恙也。因想余梦与李供奉异，供奉之梦天姥也，如神女名姝，梦所未见，其梦也幻；余之梦西湖也，如家园眷属，梦所故有，其梦也真。今余僦居他氏已二十三载，梦中犹在故居。旧役小傒，今已白头，梦中仍是总角。夙习未除，故态难脱，而今而后，余但向蝶庵岑寂，蘧榻于徐，惟吾旧梦是保，一派西湖景色犹端然未动也。儿曹诘问，偶为言之，总是梦中说梦，非魇即呓也，因作《梦寻》七十二则，留之后世，以作西湖之影。余犹山中人归自海上，盛称海错之美，乡人竞来共舐其眼。嗟嗟！金齑瑶柱，过舌即空，则舐眼亦何救其馋哉！岁辛亥七月既望，古剑蝶庵老人张岱题。

[译文] **张岱自序**

我出生不得其时，和西湖长时间分别已经有二十八年了，但是西湖没有一天不入我梦中，而且梦中的西湖也从未有一天离开过我。我先前在甲午、丁酉年两次来到西湖，像涌金门、商氏家的楼外楼，祁氏的宅院，钱氏和余氏家的别墅，以及我家的寄园，依湖而建的一带庄园，现在只剩下了一堆瓦砾。这些我梦中西湖所有的东西，现实中的西湖反而没有了。等到前去断桥看了一看，先前那些弱不禁风的杨柳、明艳亮丽的桃花、用来歌舞娱乐的亭台楼阁就像是被洪水淹没了一样，丧失殆尽。于是我急忙躲开，说的是为了西湖而来，现在竟看到这样的光景，反倒不如保全我梦中的西湖，梦中的西湖尚且能够完整无恙。因此想到我的梦和李白的梦的不同：李白梦里的天姥山，就像是神女名媛，梦到的本来就是没有见过的，所以他的梦缥缈虚幻。我梦里的西湖，就像是自家的庭院和亲人，梦里所见本就是记忆中存在的，就算是梦也是真实的。

现在我租别人的房子住已经有二十三年了，而梦中仍然像是生活在以前的宅院里。从前家里的小仆隶，现在已经白发苍苍，但在梦中他仍然是少年。长期的习惯难以除去，以前的情志也无法忘怀。从今往后，我只在这清冷寂寥的蝶庵里面，泰然安闲，只留下我梦中的西湖景色，就像它真的一点都没有改变一样。儿辈们追问我，我偶尔会对他们说，也总是恍恍惚惚地说着梦里的东西，都是些糊涂的梦话罢了。于是，写了《西湖梦寻》七十二则，留给后世的人，作为我对西湖的印象。我就像一个从海上归来的山里人，大肆称道海鲜的美味，乡亲们竞相来借我之眼来感受其中的妙处。哎呀！无论多么美味的山珍海味，进到嘴里就会成空，仅仅听我述说又怎么能解得了馋呢！

辛亥年七月十六日，古剑蝶庵老人张岱题

卷一　西湖总记　西湖北路

明圣二湖

自马臻开鉴湖，而由汉及唐，得名最早。后至北宋，西湖起而夺之，人皆奔走西湖，而鉴湖之澹远自不及西湖之冶艳矣。至于湘湖，则僻处萧然，舟车罕至，故韵士高人无有齿及之者。余弟毅儒常比西湖为美人，湘湖为隐士，鉴湖为神仙。余不谓然。余以湘湖为处子，眠娗羞涩，犹及见其未嫁之时；而鉴湖为名门闺淑，可钦而不可狎；若西湖，则为曲中名妓，声色俱丽，然倚门献笑，人人得而媟亵之矣。人人得而媟亵，故人人得而艳羡；人人得而艳羡，故人人得而轻慢。在春夏则热闹之，至秋冬则冷落矣；在花朝则喧哄之，至月夕则星散矣；在晴明则萍聚之，至雨雪则寂寥矣。故余尝谓："善读书，无过董遇三余，而善游湖者，亦无过董遇三余。董遇曰：'冬者岁之余也，夜者日之余也，雨者月之余也。'雪巘古梅，何逊烟堤高柳；夜月空明，何逊朝花绰约；雨色涳濛，何逊晴光滟潋。深情领略，是在解人。"即湖上四贤，余亦谓乐天之旷达，固不若和靖之静深；邺侯之荒诞，自不若东坡之灵敏也。其余如贾似道之豪奢，孙东瀛之华赡，虽在西湖数十年，用钱数十万，其于西湖之性情、西湖之风味，实有未曾梦见者在也。世间措大，何得易言游湖。

苏轼《夜泛西湖》诗：

菰蒲无边水茫茫，荷花夜开风露香。
渐见灯明出远寺，更待月黑看湖光。

又《湖上夜归》诗：

我饮不尽器，半酣尤味长。篮舆湖上归，春风吹面凉。
行到孤山西，夜色已苍苍。清吟杂梦寐，得句旋已忘。
尚记梨花村，依依闻暗香。

又《怀西湖寄晁美叔》诗：

西湖天下景，游者无愚贤。深浅随所得，谁能识其全。
嗟我本狂直，早为世所捐。独专山水乐，付与宁非天。
三百六十寺，幽寻遂穷年。所至得其妙，心知口难传。
至今清夜梦，耳目余芳鲜。君持使者节，风采烁云烟。
清流与碧巘，安肯为君妍。胡不屏骑从，暂借僧榻眠。
读我壁间诗，清凉洗烦煎。策杖无道路，直造意所便。
应逢古渔父，苇间自夤缘。问道若有得，买鱼弗论钱。

李奎《西湖》诗：

锦帐开桃岸，兰桡系柳津。鸟歌如劝酒，花笑欲留人。
钟磬千山夕，楼台十里春。回看香雾里，罗绮六桥新。

苏轼《开西湖》诗：

伟人谋议不求多，事定纷纭自唯阿。
尽放龟鱼还绿净，肯容萧苇障前坡。
一朝美事谁能继，百尺苍崖尚可磨。
天上列星当亦喜，月明时下浴金波。

周立勋《西湖》诗：

平湖初涨绿如天，荒草无情不记年。

犹有当时歌舞地，西泠烟雨丽人船。

夏炜《西湖竹枝词》：

四面空波卷笑声，湖光今日最分明。
舟人莫定游何外，但望鸳鸯睡处行。

平湖竟日只溟濛，不信韶光只此中。
笑拾杨花装半臂，恐郎到晚怯春风。

行觞次第到湖湾，不许莺花半刻闲。
眼看谁家金络马，日驼春色向孤山。

春波四合没晴沙，昼在湖船夜在家。
怪杀春风归不断，担头原自插梅花。

欧阳修《西湖》诗：

菡萏香消画舸浮，使君宁复忆扬州。
都将二十四桥月，换得西湖十顷秋。

赵子昂《西湖》诗：

春阴柳絮不能飞，两足蒲芽绿更肥。
只恐前呵惊白鹭，独骑款段绕湖归。

袁宏道《西湖总评》诗：

龙井饶甘泉，飞来富石骨。苏桥十里风，胜果一天月。
钱祠无佳处，一片好石碣。孤山旧亭子，凉荫满林樾。

一年一桃花，一岁一白发。南高看云生，北高见日没。
楚人无羽毛，能得几游越。

范景文《西湖》诗：

湖边多少游观者，半在断桥烟雨间。
尽逐春风看歌舞，几人着眼看青山。

张岱《西湖》诗：

追想西湖始，何缘得此名。恍逢西子面，大服古人评。
冶艳山川合，风姿烟雨生。奈何呼不已，一往有深情。

一望烟光里，沧茫不可寻。吾乡争道上，此地说湖心。
泼墨米颠画，移情伯子琴。南华秋水意，千古有人钦。

到岸人心去，月来不看湖。渔灯隔水见，堤树带烟糢。
真意言词尽，淡妆脂粉无。问谁能领略，此际有髯苏。

又《西湖十景》诗：

一峰一高人，两人相与语。此地有西湖，勾留不肯去。
（两峰插云）
湖气冷如冰，月光淡于雪。肯弃与三潭，杭人不看月。
（三潭印月）
高柳荫长堤，疏疏漏残月。蹩躠步松沙，恍疑是踏雪。
（断桥残雪）
夜气滃南屏，轻岚薄如纸。钟声出上方，夜渡空江水。
（南屏晚钟）

烟柳幕桃花，红玉沉秋水。文弱不胜夜，西施刚睡起。

（苏堤春晓）

颊上带微酡，解颐开笑口。何物醉荷花，暖风原似酒。

（曲院风荷）

深柳叫黄鹂，清音入空翠。若果有诗肠，不应比鼓吹。

（柳浪闻莺）

残塔临湖岸，颓然一醉翁。奇情在瓦砾，何必藉人工。

（雷峰夕照）

秋空见皓月，冷气入林皋。静听孤飞雁，声轻天政高。

（平湖秋月）

深恨放生池，无端造鱼狱。今来花港中，肯受人拘束。

（花港观鱼）

柳耆卿《望海潮》词：

东南形胜，三吴都会，钱塘自古繁华。烟柳画桥，风帘翠幕，参差十万人家。云树绕堤沙。怒涛卷霜雪，天堑无涯。市列珠玑，户盈罗绮，竞豪奢。　重湖叠巘清佳，有三秋桂子，十里荷花。羌管弄晴，菱歌泛夜，嬉嬉钓叟莲娃。千骑拥高牙。乘醉听箫鼓，吟赏烟霞。异日图将好景，归去凤池夸。（金主阅此词，慕西湖胜景，遂起投鞭渡江之思。）

于国宝《风入松》词：

一春常费买花钱，日日醉湖边。玉骢惯识西湖路，骄嘶过、沽酒楼前。红杏香中箫鼓，绿杨影里秋千。　暖风十里丽人天，花压鬓云偏。画船载得春归去，余情付、湖水湖烟。明日重扶残醉，来寻陌上花钿。

[译文]

自从东汉时期的会稽太守马臻开凿了鉴湖，从汉朝到唐朝，鉴湖是最早出名的。到了北宋时期，西湖声名鹊起，抢走了鉴湖的风头，人们都竞相到西湖去游览，因为鉴湖的淡泊静谧自然比不上西湖的妩媚艳丽。至于湘湖，则因为它位置偏僻萧条，车船人迹少有到这个地方的，所以古代的文人雅士很少提到它。我的弟弟毅孺常常把西湖比成美人，把湘湖比成隐士，把鉴湖比成神仙。我认为不是这样。在我看来，湘湖就像是处女，羞涩腼腆，尚且可以想到她没有出嫁时的娇羞姿态；鉴湖是大家闺秀、名门淑女，可以钦敬赞佩却不能亲近狎昵；西湖则是曲场中的名妓，声音姿色都很靓丽，但是却倚着门冲你微笑，所以人人都可以来亲近她。因为人人可以轻易地亲近，所以人人都可以倾慕；又因为人人都能倾慕，所以人人又都可以轻慢她。在春夏的时节，西湖非常热闹，秋冬的时节就冷清落寞；二月十五花朝节时人声喧闹，八月十五中秋节时人群则像星星一样流散了；天气晴朗的时候人们如浮萍一样相聚在这里，雨雪天气时的西湖则又寂寞无聊。所以我曾经说过：“会读书的人，无非是能把握董遇所讲的三余道理；会游湖的人，无非也是懂得把握董遇讲的三余的时间。董遇说：‘冬天是一年之中的空闲时间；夜晚是一天之中的空闲时间；阴雨天是一月之中的空闲时间。’雪山腊梅和烟堤岸柳相比，夜月空明和朝花绰约相较，烟雨迷蒙和晴空下水波荡漾相对，哪里能够比得出来高下呢？其中的妙处，全看是否有能够领会意趣的人用深情去体会揣摩。”即便对于像湖上四贤这些人，我也曾说过，白乐天的豁达开朗，本来就不如林和靖的平和深邃；李邺侯的乖张怪诞，自然不如苏东坡的机灵敏慧。其他的如贾似道的豪华奢靡，孙东瀛的华美富丽，虽然在西湖生活了几十年，耗费了数十万的钱财，但是他们对于西湖的性情、西湖的风味，确实有未曾真正领略过的地方存在啊。世间贫寒失意的书生，哪里能够轻易地说游过西湖呢。

苏轼《夜泛西湖》诗：

菰蒲无边水茫茫，荷花夜开风露香。
渐见灯明出远寺，更待月黑看湖光。

又《湖上夜归》诗：

我饮不尽器，半酣尤味长。篮舆湖上归，春风吹面凉。
行到孤山西，夜色已苍苍。清吟杂梦寐，得句旋已忘。
尚记梨花村，依依闻暗香。

又《怀西湖寄晁美叔》诗：

西湖天下景，游者无愚贤。深浅随所得，谁能识其全。
嗟我本狂直，早为世所捐。独专山水乐，付与宁非天。
三百六十寺，幽寻遂穷年。所至得其妙，心知口难传。
至今清夜梦，耳目余芳鲜。君持使者节，风采烁云烟。
清流与碧巘，安肯为君妍。胡不屏骑从，暂借僧榻眠。
读我壁间诗，清凉洗烦煎。策杖无道路，直造意所便。
应逢古渔父，苇间自夤缘。问道若有得，买鱼弗论钱。

李奎《西湖》诗：

锦帐开桃岸，兰桡系柳津。鸟歌如劝酒，花笑欲留人。
钟磬千山夕，楼台十里春。回看香雾里，罗绮六桥新。

苏轼《开西湖》诗：

伟人谋议不求多，事定纷纭自唯阿。
尽放龟鱼还绿净，肯容萧苇障前坡。
一朝美事谁能继，百尺苍崖尚可磨。
天上列星当亦喜，月明时下浴金波。

周立勋《西湖》诗：

平湖初涨绿如天，荒草无情不记年。
犹有当时歌舞地，西泠烟雨丽人船。

夏炜《西湖竹枝词》：

四面空波卷笑声，湖光今日最分明。
舟人莫定游何外，但望鸳鸯睡处行。

平湖竟日只溟濛，不信韶光只此中。
笑拾杨花装半臂，恐郎到晚怯春风。

行觞次第到湖湾，不许莺花半刻闲。
眼看谁家金络马，日驼春色向孤山。

春波四合没晴沙，昼在湖船夜在家。
怪杀春风归不断，担头原自插梅花。

欧阳修《西湖》诗：

菡萏香消画舸浮，使君宁复忆扬州。

都将二十四桥月，换得西湖十顷秋。

赵子昂《西湖》诗：

春阴柳絮不能飞，两足蒲芽绿更肥。
只恐前呵惊白鹭，独骑款段绕湖归。

袁宏道《西湖总评》诗：

龙井饶甘泉，飞来富石骨。苏桥十里风，胜果一天月。
钱祠无佳处，一片好石碣。孤山旧亭子，凉荫满林樾。
一年一桃花，一岁一白发。南高看云生，北高见日没。
楚人无羽毛，能得几游越。

范景文《西湖》诗：

湖边多少游观者，半在断桥烟雨间。
尽逐春风看歌舞，几人着眼看青山。

张岱《西湖》诗：

追想西湖始，何缘得此名。恍逢西子面，大服古人评。
冶艳山川合，风姿烟雨生。奈何呼不已，一往有深情。

一望烟光里，苍茫不可寻。吾乡争道上，此地说湖心。
泼墨米颠画，移情伯子琴。南华秋水意，千古有人钦。

到岸人心去，月来不看湖。渔灯隔水见，堤树带烟糢。
真意言词尽，淡妆脂粉无。问谁能领略，此际有髯苏。

又《西湖十景》诗：

一峰一高人，两人相与语。此地有西湖，勾留不肯去。

（两峰插云）

湖气冷如冰，月光淡于雪。肯弃与三潭，杭人不看月。

（三潭印月）

高柳荫长堤，疏疏漏残月。蹩躠步松沙，恍疑是踏雪。

（断桥残雪）

夜气滃南屏，轻岚薄如纸。钟声出上方，夜渡空江水。

（南屏晚钟）

烟柳幕桃花，红玉沉秋水。文弱不胜夜，西施刚睡起。

（苏堤春晓）

颊上带微酡，解颐开笑口。何物醉荷花，暖风原似酒。

（曲院风荷）

深柳叫黄鹂，清音入空翠。若果有诗肠，不应比鼓吹。

（柳浪闻莺）

残塔临湖岸，颓然一醉翁。奇情在瓦砾，何必藉人工。

（雷峰夕照）

秋空见皓月，冷气入林皋。静听孤飞雁，声轻天政高。

（平湖秋月）

深恨放生池，无端造鱼狱。今来花港中，肯受人拘束。

（花港观鱼）

柳耆卿《望海潮》词：

东南形胜，三吴都会，钱塘自古繁华。烟柳画桥，风帘翠幕，参差十万人家。云树绕堤沙。怒涛卷霜雪，天堑无涯。市列珠玑，户盈罗绮，竞豪奢。　　重湖叠巘清佳，有三秋桂子，十里荷花。羌管弄晴，菱歌泛夜，嬉嬉钓叟莲娃。千骑拥高牙。乘醉听箫鼓，吟赏烟霞。异日图将好景，归去凤池夸。（金主阅此词，慕西湖胜景，遂起投鞭渡江之思。）

于国宝《风入松》词：

一春常费买花钱，日日醉湖边。玉骢惯识西湖路，骄嘶过、沽酒楼前。红杏香中箫鼓，绿杨影里秋千。　暖风十里丽人天，花压鬓云偏。画船载得春归去，余情付、湖水湖烟。明日重扶残醉，来寻陌上花钿。

玉莲亭

白乐天守杭州，政平讼简。贫民有犯法者，于西湖种树几株；富民有赎罪者，令于西湖开葑田数亩。历任多年，湖葑尽拓，树木成荫。乐天每于此地载妓看山，寻花问柳。居民设像祀之。亭临湖岸，多种青莲，以象公之洁白。右折而北，为缆舟亭，楼船鳞集，高柳长堤。游人至此买舫入湖者，喧阗如市。东去为玉凫园，湖水一角，僻处城阿，舟楫罕到。寓西湖者，欲避嚣杂，莫于此地为宜。园中有楼，倚窗南望，沙际水明，常见浴凫数百，出没波心，此景幽绝。

白居易《玉莲亭》诗：

湖上春来似画图，乱峰围绕水平铺。

松排山面千层翠，月照波心一点珠。

碧毯绿头抽早麦，青罗裙带展新蒲。
未能抛得杭州去，一半勾留是此湖。

孤山寺北谢亭西，水面初平云脚低。
几处早莺争暖谷，谁家新燕啄春泥。
乱花渐欲迷人眼，浅草才能没马蹄。
最爱湖东行不足，绿杨阴里白沙堤。

［译文］

白居易担任杭州太守的时候，政治清明，罪案稀少。贫民如果犯了法，就让他去西湖边上种几棵树；富人如果犯了法，想要赎罪，就让他到西湖开垦几亩湿地做农田。白居易在任很多年后，湖中淤泥积聚的地方都被开垦成了良田，湖边的树木茂密成荫。白居易常常会驾着车带着名妓来这里欣赏湖光山色，寻访红花翠柳。当地的民众给他立了塑像来祭祀他。玉莲亭靠近西湖的堤岸，湖里种了很多的莲花，象征着白居易高洁正直的品格。从玉莲亭右转向北走，就是缆舟亭，这里云集着高大的楼船，长长的堤岸上种着高高的柳树。游人到了这里，大都会租船进到西湖里游玩，像集市一样喧闹。再往东走是玉凫园，由于这里是西湖的一个角落，地处于偏僻的城角，游船很少到这里来。在西湖，如果想要避开喧嚣嘈杂的环境，没有比这里更合适的了。玉凫园里有楼台，靠着楼上的窗子往南边望去，沙洲交会，湖水明亮，常常能看到有几百只野鸭子在湖心上下沉浮，这种景象实在是幽美绝妙。

白居易《玉莲亭》诗：

湖上春来似画图，乱峰围绕水平铺。

松排山面千层翠，月照波心一点珠。
碧毯绿头抽早麦，青罗裙带展新蒲。
未能抛得杭州去，一半勾留是此湖。

孤山寺北谢亭西，水面初平云脚低。
几处早莺争暖谷，谁家新燕啄春泥。
乱花渐欲迷人眼，浅草才能没马蹄。
最爱湖东行不足，绿杨阴里白沙堤。

昭庆寺

昭庆寺，自狮子峰屯霞石发脉，堪舆家谓之火龙。石晋元年始创，毁于钱氏乾德五年。宋太平兴国元年重建，立戒坛。天禧初，改名昭庆。是岁又火。迨明洪武至成化，凡修而火者再。四年奉敕再建，廉访杨继宗监修，有湖州富民应募挈万金来，殿宇室庐，颇极壮丽。嘉靖三十四年以倭乱，恐贼据为巢，遽火之。事平再造，遂用堪舆家说，辟除民舍，使寺门见水，以厌火灾。隆庆三年复毁。万历十七年，司礼监太监孙隆以织造助建，悬幢列鼎，绝盛一时，而两庑栉比，皆市廛精肆，奇货可居。春时有香市，与南海、天竺、山东香客及乡村妇女儿童往来交易，人声嘈杂，舌敝耳聋，抵夏方止。崇祯十三年又火，烟焰障天，湖水为赤。及至清初，踵事增华，戒坛整肃，较之前代，尤更庄严。一说建寺时为钱武肃王八十大寿，寺僧圆净订缁流古朴、天香、胜莲、胜林、慈受、慈云等结莲社，诵经放生，为王祝寿。每月朔登坛设戒，居民行香礼佛，以昭王之功德，因名昭庆。今以古德诸号，即为房名。

袁宏道《昭庆寺小记》：

从钱塘门而西，望保俶塔突兀层崖中，则已心飞湖上也。午刻入昭庆，茶毕即棹小舟入湖。山色如娥，花光如颊，温风如酒，波纹如绫，才一举头，已不觉目酣神醉。此时欲下一语不得，大约如东阿王梦中初遇洛神时也。余游西湖始此，时万历丁酉二月十四日也。晚同子公渡净寺觅阿宾旧住僧房，取道由六桥、岳坟、石径塘而归。次早陶石篑帖子至，十九日石篑兄弟同学佛人王静虚至，湖山好友，一时凑集矣。

张岱《西湖香市记》：

西湖香市，起于花朝，尽于端午。山东进香普陀者日至，嘉湖进香天竺者日至，至则与湖之人市焉，故曰香市。然进香之人市于三天竺，市于岳王坟，市于湖心亭，市于飞来峰，无不市，而独凑集于昭庆寺，昭庆寺两廊故无日不市者，三代八朝之骨董，蛮夷闽貊之珍异，皆集焉。至香市，则殿中边甬道上下，池左右，山门内外，有屋则摊，无屋则厂，厂外有篷，篷外又摊，节节寸寸。凡胭脂簪珥、牙尺剪刀，以至经典木鱼、伢儿嬉具之类，无不集。此时春暖，桃柳明媚，鼓吹清和，岸无留船，寓无留客，肆无留酿。袁石公所谓“山色如娥，花光如颊，温风如酒，波纹如绫”，已画出西湖三月，而此以香客杂来，光景又别。士女闲都，不胜其村妆野妇之乔画；芳兰芗泽，不胜其合香芫荽之薰蒸；丝竹管弦，不胜其摇鼓欲笙之聒帐；鼎彝光怪，不胜其泥人竹马之行情；宋元名画，不胜其湖景佛图之纸贵。如逃如逐，如奔如追，撩扑不开，牵挽不住，数百十万男男女女、老老少少，日簇拥于寺之前后左右者，凡四阅月方罢。恐大江以东，断无此二地矣。崇祯庚辰，昭庆寺火。是岁及辛巳、壬午岁洊饥，民强半饿死。壬午道鲠山东，香客断绝，无有至者，市遂废。辛巳夏，余在西湖，但见城中饥殍舁出，扛挽相属。时杭州刘太守梦谦，汴梁人，乡里抽丰者，多寓西湖，日以民词馈送。有轻薄子改古诗诮之曰："山不青山楼不楼，西湖歌舞一时休。暖风吹得死人臭，还把杭州送汴州。"可作西湖实录。

[译文]

昭庆寺，是从宝石山附近的狮子峰和宝石山的屯霞石发端，风水家称之为火龙。始建于后晋元年，在乾德五年被毁坏。在宋朝太平兴国元年重新修建，并设置了戒坛。宋朝天禧初年，改名为昭庆寺。这一年，又发生火灾。等到明朝洪武至成化年间，经历两次修建后又被大火烧毁。成化四年，受皇帝的命令又重新建造，由按察使杨继宗监督修建。湖州有富翁响应募捐，带来万两白银，重建后的宫殿房舍极为壮观华丽。明朝嘉靖三十四年，因为倭寇作乱，人们害怕贼匪占领昭庆寺作为敌巢，于是就放火把它烧毁了。倭乱得到平定后又重新修建，于是采用风水家的意见，将民房迁移，打通道路，让昭庆寺的大门正对着水，以此来压制火灾。明代隆庆三年，昭庆寺又一次被毁坏。万历十七年，司礼监的太监孙隆担任织造协助重建。悬挂经幡、陈列鼎器，一度盛况空前。寺里两边的厢房鳞次栉比，都像热闹的街市一样，奇货可居。春天的时候开有香市，南海、天竺、山东一带的香客以及乡村的妇女儿童都前来这里进行交易，人们的叫卖声喧嚣嘈杂，说的人舌头都要说破了，听的人耳朵都要听聋了，一直要到夏天才会停止。崇祯十三年，昭庆寺又遭遇了大火，烟雾火焰遮住天空，湖水都被映成了红色。等到清朝初年，对昭庆寺的建设有所继承，也有所创新。整修了戒坛，和前代相比更加庄严。另有一种说法是，建昭庆寺的时候，恰逢五代十国时期吴越国王钱镠的八十大寿，寺里的和尚圆净偕同古朴、天香、胜莲、胜林、慈受、慈云等众僧成立白莲社，诵读佛经释放生灵，以此为钱王祝寿。农历的每月初一，登上祭坛设戒，周边的居民上香礼拜佛陀，以显示钱王的功德，所以命名为昭庆寺。现在僧徒对高僧所用的敬称，就作为了房屋的名字。

袁宏道的《昭庆寺小记》记载：

从钱塘门往西走，可以望见保俶塔高耸在崇山峻岭之中，我的心思早已飞到了西湖上边。中午时分进入昭庆寺，饮完茶就驾着小船进入西湖。眼前的山色秀美如同美女，光照之下的鲜花如美女的脸颊，和煦的微风就像醇酒，湖面荡起的涟漪就像平滑的绸缎。稍一抬头，便不禁眼花缭乱，如痴如醉。这个时候想用一句话来描述眼前的美景，却发现竟找不到一个合适的词来形容，大概就像东阿王曹植初次见到洛神时的样子吧。我第一次游西湖就是在这个时候，即万历丁酉二月十四日。晚上和好友方文僎划船到净慈寺去寻找弟弟中道曾经住过的禅房。经由苏堤六桥、岳坟回来。第二天早上收到陶石篑的帖子，二月十九日石篑兄弟以及同学佛人王静虚到来，喜欢湖光山色的好朋友，一时都聚集到了这里。

张岱的《西湖香市记》记载：

西湖的香市，从二月十五日的花朝节开始，到五月初五的端午节结束。每天都有从山东到普陀寺进香的人，从嘉湖到天竺寺进香的人。这些香客来到这里就和西湖边的人做生意，所以叫作“香市”。但是这些进香的人有的在天竺寺，有的在岳王坟，有的在湖心亭，有的在飞来峰做生意，可以说是无处没有交易，但是却唯独在昭庆寺聚集。所以昭庆寺的两侧的长廊，没有一天不开市交易，三代八朝的古董、边远地区的奇珍异宝，都聚集在这里。到了香市，寺内大殿内外、走廊过道、水池左右、山门内外，有屋的地方就有摊位，没屋的地方就搭棚舍，棚外再设摊位，相隔极短，紧相连接。大凡胭脂、发簪和耳饰，象牙做的尺子、剪刀，以及木鱼和小孩儿的玩具，没有不聚集在这里交易的。这个时候春暖花开，桃花盛开，翠柳明媚，鼓乐悠扬，岸边没有空船，旅店没有客人，酒馆没有剩酒。袁宏道所讲的“山色如娥，花光如颊，温风如酒，波纹如绫”，已经描绘出了西湖三月的风光。而现在各地的香客纷至沓来，又是一番不同的光景。文雅俊美的淑女，比不过那些乡野姑娘的打扮；幽兰的清香，比不上那混合着芫荽味的青菜香味；丝竹管弦的乐声，比不上那通宵宴饮的笙鼓齐响；奇形怪状的古玩，比不上那小孩儿喜欢玩的泥人和竹马；宋元时期的名画，没有那西湖的风景画和佛像畅销。人们追赶奔逐，拉不开，牵不住，成千上万的男男女女、老老少少，每天簇拥在昭庆寺的前后左右，总共过四个月才消停下来。恐怕在长江以东，再也找不出第二个这样的地方了。崇祯庚辰年三月，昭庆寺遭遇火灾。这一年以及随后的辛巳、壬午两年，接连发生饥荒，有超过一半的老百姓被饿死。壬午年，清兵入侵关内，香客南来进香的道路也被阻断，没有人前来，香市于是就废止了。辛巳年的夏天，我在西湖，只看到城中一具具饿死的尸体被抬出城外，有的抬，有的拉，接连不断。当时的杭州太守刘梦谦，是汴梁人，同乡人有来这里打秋风的，大多寄居在西湖，每天进送百姓的诉状，以此向他行贿。有一个轻视鄙薄他的人改了古诗来讥讽他说:“山不青山楼不楼，西湖歌舞一时休。暖风吹得死人臭，还把杭州送汴州。”这首诗可以作为当时西湖实况的记录。

哇哇宕

哇哇石，在棋盘山上。昭庆寺后，有石池深不可测，峭壁横空，方圆可三四亩，空谷相传，声唤声应，如小儿啼焉。上有棋盘石，耸立山顶。其下烈士祠，为朱跸、金胜、祝威诸人，皆宋时死金人难者，以其生前有护卫百姓功，故至今祀之。

屠隆《哇哇宕》诗:

昭庆庄严尽佛图，如何空谷有呱呱。
千儿乳坠成贤劫，五觉声闻报给孤。
流出桃花缘古宕，飞来怪石入冰壶。
隐身岩下传消息，任尔临崖动地呼。

[译文]

哇哇宕坐落在棋盘山上。昭庆寺的后面有一个水池，深不可测，悬崖陡峭仿佛横跨天空，方圆约有三四亩地，在这里，可以听到声音在空空的山谷中回荡。小声说话，就会听到小声的回应，就像娃娃轻声啼哭一样。上面有棋盘石，在山顶耸立。下面有烈士祠，是为了纪念朱跸、金胜、祝威等人而建造，他们都是宋朝时抵抗金兵而死的，因为他们生前有护卫百姓的功劳，所以直到现在百姓都还在祭祀他们。

屠隆《哇哇宕》诗：

昭庆庄严尽佛图，如何空谷有呱呱。
千儿乳坠成贤劫，五觉声闻报给孤。
流出桃花缘古宕，飞来怪石入冰壶。
隐身岩下传消息，任尔临崖动地呼。

大佛头

大石佛寺，考旧史，秦始皇东游入海，缆舟于此石上。后因贾平章住里湖葛岭，宋大内在凤凰山，相去二十余里，平章闻朝钟响即下湖船，不用篙楫，用大锦缆绞动盘车，则舟去如驶。大佛头，其系缆石桩也。平章败，后人镌为半身佛像，饰以黄金，构殿覆之，名大石佛院，至元末毁。明永乐间，僧志琳重建，敕赐大佛禅寺。贾秋壑为误国奸人，其于山水书画古董，凡经其鉴赏，无不精妙。所制锦缆，亦自可人。一日临安失火，贾方在半闲堂斗蟋蟀，报者络绎，贾殊不顾，但曰："至太庙则报。"俄而，报者曰："火直至太庙矣！"贾从小肩舆，四力士以椎剑护，舁舆人里许即易，倏忽至火所，下令肃然，不过曰："焚太庙者，斩殿帅。"于是帅率勇士数十人，飞身上屋，一时扑灭。贾虽奸雄，威令必行，亦有快人处。

张岱《大石佛院》诗：

余少爱嬉游，名山恣探讨。泰岳既峗峨，补陀复杳渺。
天竺放光明，齐云集百鸟。活佛与灵神，金身皆藐小。
自到南明山，石佛出云表。食指及拇指，七尺犹未了。
宝石更特殊，当年石工巧。岩石数丈高，止塑一头脑。
量其半截腰，丈六犹嫌少。问佛几许长，人天不能晓。
但见往来人，盘旋如虱蚤。而我独不然，参禅已到老。
入地而摩天，何在非佛道。色相求如来，巨细皆心造。
我视大佛头，仍然一茎草。

甄龙友《西湖大佛头赞》：

色如黄金，面如满月。尽大地人，只见一橛。

［译文］

大石佛寺，考察以前的历史记载，秦始皇当年往东巡游，进入大海时，曾经在这块石头上系船。后来因为贾似道居住西湖里湖的葛岭，宋朝在杭州的行宫在凤凰山，相距才二十多里地，贾似道听到朝钟响起，就下湖坐船，不用船篙木桨，只需要用大锦缆绞动盘车，船便行驶得飞快。大佛头，就是他系缆绳的石桩。后来贾似道被免官，后人就把这块石头雕刻成了一座半身的佛像，用黄金装饰，建造了一座大殿来覆盖它，取名为大石佛院。到了元朝末年被毁坏。明朝永乐年间，志琳和尚重新修建了佛寺，皇帝下令赐名为大佛禅寺。贾似道虽然是误国误民的奸人，但是他对于山水、书画、古董，识见精到，凡是经过他品鉴赏评的，没有不是精品的。他制作的锦缆，也很是让人称赞。有一天临安城失火，贾似道正在半闲堂别墅斗蟋蟀，来报告的人络绎不绝，贾似道毫不理睬，只是说："烧到太庙再来报我。"不一会儿，有报信的人说："火已经烧到太庙了！"贾似道坐上小轿，四个壮士拿着椎剑随从护送，每走一里地就更换轿夫，不一会儿就到了失火的地方，他严肃地下达命令，只是简单地说了一句："如果太庙被烧毁，就斩殿帅来问罪。"于是殿帅率领几十个勇士，飞身爬上屋顶，不一会儿就扑灭了大火。贾似道虽然是一个弄权欺世、窃取高位的奸臣，但他有威严，令出必行，也有让人称快的地方。

张岱《大石佛院》诗：

余少爱嬉游，名山恣探讨。泰岳既巉峨，补陀复杳渺。
天竺放光明，齐云集百鸟。活佛与灵神，金身皆藐小。
自到南明山，石佛出云表。食指及拇指，七尺犹未了。
宝石更特殊，当年石工巧。岿石数丈高，止塑一头脑。
量其半截腰，丈六犹嫌少。问佛几许长，人天不能晓。
但见往来人，盘旋如虱蚤。而我独不然，参禅已到老。
入地而摩天，何在非佛道。色相求如来，巨细皆心造。
我视大佛头，仍然一茎草。

甄龙友《西湖大佛头赞》：

色如黄金，面如满月。尽大地人，只见一橛。

保俶塔

宝石山，高六十三丈，周一十三里。钱武肃王封寿星宝石山，罗隐为之记。其绝顶为宝峰，有保俶塔，一名宝所塔。盖保俶塔也，宋太平兴国元年，吴越王俶闻唐亡而惧，乃与妻孙氏、子惟濬、孙承祐入朝，恐其被留，许造塔以保之。称名，尊天子也。至都，赐礼贤宅以居，赏赉甚厚，留两月遣还，赐一黄袱，封识甚固，戒曰："途中宜密观。"及启之，则皆群臣乞留俶章疏也，俶甚感惧。既归，造塔以报佛恩。保俶之名遂误为保叔，不知者遂有"保叔缘何不保夫"之句。俶为人敬慎，放归后，每视事，徙坐东偏，谓左右曰："西北者，神京在焉，天威不违颜咫尺，俶敢宁居乎！"每修省入贡，焚香而后遣之。未几，以地归宋，封俶为淮海国王。其塔，元至正末毁，僧慧炬重建。明成化间又毁，正德九年僧文镛再建。嘉靖元年又毁，二十二年僧永固再建。隆庆三年大风折其顶，塔亦渐圮，万历二十二年重修。其地有寿星石、屯霞石，去寺百步有看松台，俯临巨壑，凌驾松杪，看者惊悸。塔下石壁孤峭，缘壁有精庐四五间，为天然图画阁。

黄久文《冬日登保俶塔》诗：

当峰一塔微，落木净烟浦。日寒山影瘦，霜泐石棱苦。
山云自悠然，来者适为主。与子欲谈心，松风代吾语。

夏公谨《保俶塔》诗：

客到西湖上，春游尚及时。石门深历险，山阁静凭危。
午寺鸣钟乱，风潮去舫迟。清樽欢不极，醉笔更题诗。

钱思复《保俶塔》诗：

金刹天开画，铁檐风语铃。野云秋共白，江树晚逾青。

凿屋岩藏雨，黏崖石坠星。下看湖上客，歌吹正沉冥。

［译文］

宝石山，有六十三丈高，占地方圆有十三里。吴越国的武肃王钱镠曾经封其为寿星宝石山，罗隐为之作了记文。宝石山最高处有宝峰，上面有保俶塔，又叫作宝所塔。宋朝太平兴国元年，吴越王钱弘俶听闻南唐灭亡，感到很惊恐，于是带着妻子孙氏、儿子钱惟濬、孙子钱承祐到宋朝来朝见，害怕被宋朝扣留，于是许愿修造佛塔来保佑他们。造塔称自己的名字是为了表示对天子的尊敬。到了京城，皇帝赐给他礼贤宅让他居住，赏赐也很丰厚。挽留他们在开封住了两个月，就遣送他们返回了杭州，并赐他一个黄色的包裹，封存得非常严密，告诫说："在路上应当小心察看。"等到钱弘俶打开看时，发现全是大臣们劝皇帝把他留在京城的奏章，钱弘俶非常感慨又很惊惧。回来之后，就修造佛塔报答佛祖的恩情。保俶的名称，后来误传为"保叔"，不了解内情的人甚至说出"保叔为何不保夫"这样的话。钱弘俶为人恭敬谨慎，被遣送回来后，每次办公时，都把座位往东偏一些，并对侍从说："西北方向，是京城所在，天子威严不可违抗，龙颜仿佛就在眼前，我怎敢安居正位呢！"每次进贡都修身反省，焚香朝拜后才派遣使者前去。不久，就把吴越之地送归宋朝，皇帝封钱弘俶为淮海国王。保俶塔在元顺帝至正末年被毁掉，后由慧炬和尚重新修建。明代成化年间又被毁掉，正德九年由文镛和尚再次修建。嘉靖元年，保俶塔再次被毁，嘉靖二十二年永固和尚又一次修建。隆庆三年，大风吹断了保俶塔的塔顶，塔身也渐渐倒塌，万历二十二年重新修建。这个地方有寿星石和屯霞石。距离寺庙一百步远，有看松台。站在看松台上，俯瞰巨大的山谷，高高地超出于松树梢上，观看的人不禁感到吃惊害怕。塔下面的石壁突兀峭立，沿着石壁有四五间僧房，是天然的图画阁。

黄久文《冬日登保俶塔》诗：

当峰一塔微，落木净烟浦。日寒山影瘦，霜泐石棱苦。
山云自悠然，来者适为主。与子欲谈心，松风代吾语。

夏公谨《保俶塔》诗：

客到西湖上，春游尚及时。石门深历险，山阁静凭危。
午寺鸣钟乱，风潮去舫迟。清樽欢不极，醉笔更题诗。

钱思复《保俶塔》诗：

金刹天开画，铁檐风语铃。野云秋共白，江树晚逾青。
凿屋岩藏雨，黏崖石坠星。下看湖上客，歌吹正沉冥。

玛瑙寺

玛瑙坡，在保俶塔西，碎石文莹，质若玛瑙，土人采之，以镌图篆。晋时遂建玛瑙宝胜院，元末毁，明永乐间重建。有僧芳洲，仆夫艺竹得泉，遂名仆夫泉。山巅有阁，凌空特起，凭眺最胜，俗称玛瑙山居。寺中有大钟，侈弇齐适，舒而远闻，上铸《莲经》七卷，《金刚经》三十二分。昼夜十二时，保六僧撞之，每撞一声，则《法华》七卷、《金刚》三十二分，字字皆声。吾想法夜闻钟，起人道念，一至旦昼，无不牿亡。今于平明白昼时，听钟声猛为提醒，大地山河，都为震动，则铿锵一响，是竟《法华》一转，《般若》一转矣。内典云：“人间钟鸣未歇际，地狱众生刑具暂脱此间也。”鼎革以后，恐寺僧惰慢，不克如前。

张岱《玛瑙寺长鸣钟》诗：

女娲炼石如炼铜，铸出梵王千斛钟。
仆夫泉清洗刷早，半是顽铜半玛瑙。
锤金琢玉昆吾刀，盘旋钟纽走蒲牢。
十万八千《法华》字，《金刚般若》居其次。
贝叶灵文满背腹，一声撞破莲花狱。
万鬼桁杨暂脱离，不愁漏尽啼荒鸡。
昼夜百刻三千杵，菩萨慈悲泪如雨。
森罗殿前免刑戮，恶鬼狰狞齐退役。
一击渊渊大地惊，青莲字字有潮音。
特为众生解冤结，共听毗庐广长舌。
敢言佛说尽荒唐，劳我阇黎日夜忙。
安得成汤开一面，吉网罗钳都不见。

［译文］

玛瑙坡在保俶塔的西边，坡上有晶莹剔透的碎石，如玛瑙一般，当地人往往采来这些碎石镌刻图章。晋朝时期就修建了玛瑙宝胜院，元朝末年被毁掉，明朝永乐年间进行重新修建。有一个僧人叫芳洲，在此耕地种竹时，挖出了一泓清泉，于是就将这口泉水命名为仆夫泉。山顶有楼阁，耸立空中，拔地而起，在楼阁上凭窗远眺风景最佳，世俗的人称之为玛瑙山居。寺里有一口大钟，钟口的大小正适宜，声音舒缓，很远都能听到，钟上铸有七卷《莲经》，三十二分《金刚经》。一天从早到晚，分别有六位僧人来撞钟，每撞一下，钟上的七卷《法华经》，三十二分《金刚经》，似乎每个字都在发出声音。我想起夜晚每每听到钟声，就会生起悟道的念头。一到白天，这种念头往往就受到遏制而渐渐消失。今天在平明时分，白天听到钟声敲响，猛的一下，顿时惊醒，大地山河都为之震动。原来洪亮的钟声响一次，竟然就像是《法华经》和《般若经》的经文传诵一回。佛经上说："人间钟声没有停歇的时候，地狱鬼魂的枷锁和刑具就会暂时脱落。"明朝灭亡后，恐怕寺里的僧人变得懒惰怠慢，不能够像先前那样准时撞钟了。

张岱《玛瑙寺长鸣钟》诗：

女娲炼石如炼铜，铸出梵王千斛钟。
仆夫泉清洗刷早，半是顽铜半玛瑙。
锤金琢玉昆吾刀，盘旋钟纽走蒲牢。
十万八千《法华》字，《金刚般若》居其次。
贝叶灵文满背腹，一声撞破莲花狱。
万鬼桁杨暂脱离，不愁漏尽啼荒鸡。
昼夜百刻三千杵，菩萨慈悲泪如雨。
森罗殿前免刑戮，恶鬼狰狞齐退役。
一击渊渊大地惊，青莲字字有潮音。
特为众生解冤结，共听毗庐广长舌。
敢言佛说尽荒唐，劳我阇黎日夜忙。
安得成汤开一面，吉网罗钳都不见。

智果寺

智果寺，旧在孤山，钱武肃王建。宋绍兴间，造四圣观，徙于大佛寺西。先是东坡守黄州，於潜僧道潜，号参寥子，自吴中来访，东坡梦与赋诗，有“寒食清明都过了，石泉槐火一时新”之句。后七年东坡守杭，参寥卜居智果，有泉出石罅间。寒食之明日，东坡来访，参寥汲泉煮茗，适符所梦。东坡四顾坛壝，谓参寥曰：“某生平未尝至此，而眼界所视，皆若素所经历者。自此上忏堂当有九十三级。”数之果如其言，即谓参寥子曰：“某前身寺中僧也，今日寺僧皆吾法属耳，吾死后，当舍身为寺中伽蓝。”参寥遂塑东坡像，供之伽蓝之列，留偈壁间，有“金刚开口笑钟楼，楼笑金刚雨打头，直待有邻通一线，两重公案一时修”。后寺破败。崇祯壬申，有扬州茂才鲍同德字有邻者，来寓寺中。东坡两次入梦，属以修寺，鲍辞以“贫士安办此？”公曰：“子第为之，自有助子者。”次日，见壁间偈有“有邻”二字，遂心动，立愿作《西泠记梦》，见人辄出示之。一日至邸，遇维扬姚永言，备言其梦。座中有粤东谒选进士宋公兆禴者，甚为骇异。次日，宋公筮仕，遂得仁和，永言怂恿之，宋公力任其艰，寺得再葺。时有泉适出寺后，好事者仍名之参寥泉焉。

［译文］

智果寺，旧址在孤山上面，是钱武肃王时期建成的。宋高宗绍兴年间，修造了四圣观，把智果寺迁徙到了大佛寺的西边。在此之前，苏东坡担任黄州太守的时候，於潜县的僧人道潜，号为参寥子，从吴中前来智果寺拜访，苏东坡梦到和他赋诗，参寥子赋有“寒食清明都过了，石泉槐火一时新”的句子。七年之后，苏东坡担任杭州太守，参寥子暂住在智果寺，山上的岩石缝里流出一汪清泉。寒食节的第二天，苏东坡来访，参寥子汲取泉水来煮茶，正好和当年梦到的相符合。苏东坡往周围观看祭坛，对参寥子说：“我从来没有到过这里，但眼睛所看到的，都像是曾经经历过的一样。从这里上到忏堂应该有九十三级台阶。”数了一数，果然和他说的一样。于是苏东坡就对参寥子说：“我的前身是这座寺庙里的僧人，现在的寺僧都是我的后辈罢了，我死后，当舍身作为寺里的伽蓝。”参寥子于是塑了苏东坡的像，并把塑像供奉在伽蓝的行列，在墙壁上留下一首偈子说：“金刚开口笑钟楼，楼笑金刚雨打头，直待有邻通一线，两重公案一时修。”后来，智果寺破落衰败。崇祯壬申年，有一个叫鲍同德的扬州秀才，字有邻，寓居在智果寺。苏东坡两次进入他的梦中，嘱咐他修复寺庙，鲍同德以贫寒之士哪有能力办到此事为由来推辞。苏东坡说：“你只要去做这件事，自然会有帮助你的人。”第二天，看到墙壁上的偈子有“有邻”两个字，当即心有感触，发愿修复寺庙，撰写了《西泠记梦》，看见人就展示给人看。有一天，他到了京城，遇到扬州人士姚永言，详细地说了梦中所见。同座中有一位粤东的宋兆禴，是来京等候铨叙的进士，听了之后感到十分惊骇怪异。第二天，宋兆禴占卜仕途的方向，结果卦辞指向杭州的仁和县。姚永言怂恿他修复智果寺，宋兆禴尽力承担起了修复寺庙的艰难任务，智果寺得以重新修缮。当时正好有泉水从寺庙后面流了出来，好事的人仍把这一眼泉水命名为参寥泉。

六贤祠

宋时西湖有三贤祠两：其一在孤山竹阁，三贤者，白乐天、林和靖、苏东坡也；其一在龙井资圣院，三贤者，赵阅道、僧辨才、苏东坡也。宝庆间，袁樵移竹阁三贤祠于苏公堤，建亭馆以沽官酒，或题诗云："和靖东坡白乐天，三人秋菊荐寒泉。而今满面生尘土，欲与袁樵趁酒钱。"又据陈眉公笔记，钱塘有水仙王庙，林和靖祠堂近之。东坡先生以和靖清节映世，遂移神像配食水仙王。黄山谷有《水仙花》诗，用此事："钱塘昔闻水仙庙，荆州今见水仙花。暗香靓色撩诗句，宜在孤山处士家。"则宋时所祀，止和靖一人。明正德三年，郡守杨孟瑛重浚西湖，立四贤祠，以祀李邺侯、白、苏、林四人，杭人益以杨公，称五贤。而后乃祧杨公，增祀周公维新、王公弇州，称六贤祠。张公亮曰："湖上之祠，宜以久居其地、与风流标令、为山水深契者乃列之。周公冷面，且为神明，有别祠矣；弇州文人，与湖非久要，今并四公而坐，恐难熟热也。"人服其确论。

张明弼《六贤祠》诗：

山川亦自有声气，西湖不易与人热。
五日京兆王弇州，冷面臬司号寒铁。
原与湖山非久要，心胸不复留风月。
犹议当时李邺侯，西泠尚未通舟楫。
惟有林苏白乐天，真与烟霞相结纳。
风流俎豆自千秋，松风菊露梅花雪。

［译文］

宋朝时，西湖有两个三贤祠：其中一个在孤山寺的竹阁。三贤指的是白乐天、林和靖和苏东坡。另一个在龙井的资圣院，三贤指的是赵阅道、辨才和尚和苏东坡。宋理宗宝庆年间，袁樵把竹阁的三贤祠迁到了苏堤，修建了亭台馆舍来贩卖官府自酿的酒。有人题诗说："和靖东坡白乐天，三人秋菊荐寒泉。而今满面生尘土，欲与袁樵趁酒钱。"另外，根据陈眉公的笔记记载，钱塘有水仙王庙，林和靖的祠堂和这座庙离得很近。苏东坡认为林和靖的高风亮节映照世人，就把林和靖的神像移到了水仙王庙，共享世人的祭祀。黄山谷写的《水仙花》诗就写了这个故事："钱塘昔闻水仙庙，荆州今见水仙花。暗香靓色撩诗句，宜在孤山处士家。"那么宋朝时所祭祀的就只有林和靖一人。明朝正德三年时，杭州知府杨孟瑛重新疏浚西湖，修造了四贤祠，用来祭祀李邺侯、白乐天、苏东坡和林和靖四个人，杭州的人民又在四贤祠里增加了杨孟瑛，合称为五贤。后来把杨公的神主迁往别的庙，又增加了周维新和王世贞两个人，合称为六贤祠。张公亮说："湖上的祠庙，适合供奉那些长期在此，并且其功绩和这里的山水息息相关的人。周维新态度严峻、铁面无私，并且是城隍神，在别处又有祠堂。王世贞是个文人，和西湖并无旧情，现在把这二人和四公并坐，恐怕不太合适。"人们都服膺他精当而确切的言论。

张明弼《六贤祠》诗：

山川亦自有声气，西湖不易与人热。
五日京兆王弇州，冷面臬司号寒铁。
原与湖山非久要，心胸不复留风月。
犹议当时李邺侯，西泠尚未通舟楫。

惟有林苏白乐天，真与烟霞相结纳。
风流俎豆自千秋，松风菊露梅花雪。

西泠桥

西泠桥，一名西陵，或曰即苏小小结同心处也。及见方子公诗有云："数声渔笛知何处，疑在西泠第一桥。"陵作泠，苏小恐误。余曰："管不得，只西陵便好，且白公断桥诗'柳色青藏苏小家'，断桥去此不远，岂不可借作西泠故实耶！"昔赵王孙孟坚子固，常客武林，值菖蒲节，周公谨同好事者邀子固游西湖。酒酣，子固脱帽，以酒晞发，箕踞歌《离骚》，旁若无人。薄暮入西泠桥，掠孤山，舣舟茂树间，指林麓最幽处，瞪目叫曰："此真洪谷子、董北苑得意笔也。"邻舟数十，皆惊骇绝叹，以为真谪仙人。得山水之趣味者，东坡之后，复见此人。

袁宏道《西泠桥》诗：

西泠桥，水长在。松叶细如针，不肯结罗带。莺如衫，燕如钗。油壁车，砍为柴。青骢马，自西来。昨日树头花，今日陌上土。恨血与啼魂，一半逐风雨。

又《桃花雨》诗：

浅碧深红大半残，恶风催雨剪刀寒。
桃花不比杭州女，洗却胭脂不耐看。

李流芳《西泠桥题画》：

余尝为孟旸题扇："多宝峰头石欲摧，西泠桥边树不开。轻烟薄雾斜阳下，曾泛扁舟小筑来。"西泠桥树色，真使人可念，桥亦自有古色。近闻且改筑，当无复旧观矣。对此怅然。

[译文]

西泠桥，又叫作西陵桥，有人说这就是苏小小当年结同心的地方。后看到方子公的诗文中写道："'数声渔笛知何处，疑在西泠第一桥。''陵'写成了'泠'，恐怕是苏小小写错了。"我说："不用去管它。写成'西陵'就好。况且白居易在断桥诗中写道'柳色青藏苏小家'，断桥距离这里不远，难道不能借作西泠的典故吗？"以前赵孟坚曾经来杭州做客，当时恰逢端午节，周公谨和一些好事者邀请赵孟坚同游西湖。酒喝得正欢畅，赵孟坚脱下帽子，就着酒晾干头发，坐在地上吟诵《离骚》，仿佛旁边没有别人一样。傍晚的时分来到西泠桥，走过孤山，把船停靠在茂密的树林间，赵孟坚指着树林最幽深的地方，睁大眼睛喊道："这真是山水画家洪谷子、董北苑的得意之笔啊。"相邻的有数十只船，船上的人都惊叹，认为赵孟坚真的是谪落凡间的仙人。能够真正领略山水趣味的人，在苏轼之后，又有赵孟坚。

袁宏道《西泠桥》诗：

西泠桥，水长在。松叶细如针，不肯结罗带。莺如衫，燕如钗，油壁车，砍为柴，青骢马，自西来。昨日树头花，今日陌上土。恨血与啼魂，一半逐风雨。

又《桃花雨》诗：

浅碧深红大半残，恶风催雨剪刀寒。

桃花不比杭州女，洗却胭脂不耐看。

李流芳《西泠桥题画》：

我曾经为孟旸题写扇面："多宝峰头石欲摧，西泠桥边树不开。轻烟薄雾斜阳下，曾泛扁舟小筑来。"西泠桥的烟光树色，真令人怀念，桥也古色古香。近来听说要改建成小筑，应当不会再有往日的景观了。不禁怅然若失。

岳王坟

岳鄂王死，狱卒隗顺负其尸，逾城至北山以葬。后朝廷购求葬处，顺之子以告。及启棺如生，乃以礼服殓焉。隗顺，史失载。今之得以崇封祀享，肸蚃千秋，皆顺力也。倪太史元璐曰："岳王祠泥范忠武，铁铸桧、卨，人之欲不朽桧、卨也，甚于忠武。"按公之改谥忠武，自隆庆四年。墓前之有秦桧、王氏、万俟卨三像，始于正德八年，指挥李隆以铜铸之，旋为游人挞碎。后增张俊一像，四人反接跪于丹墀。自万历二十六年，按察司副使范涞易之以铁，游人椎击益狠，四首齐落，而下体为乱石所掷，止露肩背。旁墓为银瓶小姐，王被害，其女抱银瓶坠井中死。杨铁崖乐府曰："岳家父，国之城；秦家奴，城之倾。皇天不灵，杀我父与兄。嗟我银瓶为我父，缇萦生不赎父死，不如无生。千尺井，一尺瓶，瓶中之水精卫鸣。"墓前有分尸桧，天顺八年，杭州同知马伟锯而植之，首尾分处，以示磔桧状。隆庆五年，大雷击折之。朱太史之俊曰：“一秦桧耳，铁首木心，俱不能保至此。”天启丁卯，浙抚造祠媚珰，穷工极巧，徙苏堤第一桥于百步之外，数日立成，骇其神速。崇祯改元，魏珰败，毁其祠，议以木石修王庙。卜之王，王弗许。

岳云，王之养子，年十二从张宪战，得其力，大捷，号曰“赢官人”，军中皆呼焉。手握两铁锤，重八十斤。王征伐，未尝不与，每立奇功，王辄隐之。官至左武大夫、忠州防御使。死年二十二，赠安远军承宣使。所用铁锤犹存。

张宪为王部将，屡立战功。绍兴十年，兀术屯兵临颍，宪破其兵，追奔十五里，中原大振。秦桧主和班师。桧与张俊谋杀岳飞，诱飞部曲能告飞事者，卒无人应。张俊锻炼宪，被掠无完肤，强辩不伏，卒以冤死。景定二年，追封烈文侯。正德十二年，布衣王大祐发地得碣石，乃崇封焉。郡守梁材建庙，修撰唐皋记之。

牛皋墓在栖霞岭上。皋字伯远，汝州人，岳鄂王部将，素立战功。秦桧惧其怨己，一日大会众军士，置毒害之。皋将死，叹曰：“吾年近六十，官至侍从郎，一死何恨，但恨和议一成，国家日削。大丈夫不能以马革裹尸报君父，是为叹耳！”

张景元《岳坟小记》：

岳少保坟祠，祠南向，旧在阛阓。孙中贵为买民居，开道临湖，殊惬大观。祠右衣冠葬焉。石门华表，形制不巨，雅有古色。

周诗《岳王坟》诗：

将军埋骨处，过客式英风。北伐生前烈，南枝死后忠。
干戈戎马异，涕泪古今同。目断封邱上，苍苍夕照中。

高启《岳王坟》诗：

大树无枝向北风，千年遗恨泣英雄。
班师诏已成三殿，射虏书犹说两宫。
每忆上方谁请剑，空嗟高庙自藏弓。
栖霞岭上今回首，不见诸陵白雾中。

唐顺之《岳王坟》诗：

国耻犹未雪，身危亦自甘。九原人不返，万壑气长寒。
岂恨藏弓早，终知借剑难。吾生非壮士，于此发冲冠。

蔡汝南《岳王墓》诗：

谁将三字狱，堕此一长城。北望真堪泪，南枝空自荣。
国随身共尽，君恃相为生。落日松风起，犹闻剑戟鸣。

王世贞《岳坟》诗：

落日松杉覆古碑，英风飒飒动灵祠。
空传赤帝中兴诏，自折黄龙大将旗。
三殿有人朝北极，六陵无树对南枝。
莫将乌喙论勾践，鸟尽弓藏也不悲。

徐渭《岳坟》诗：

墓门惨淡碧湖中，丹雘朱扉射水红。
四海龙蛇寒食后，六陵风雨大江东。
英雄几夜乾坤博，忠孝传家俎豆同。
肠断两宫终朔雪，年年麦饭隔春风。

张岱《岳王坟》诗：

西泠烟雨岳王宫，鬼气阴森碧树丛。
函谷金人长堕泪，昭陵石马自嘶风。
半天雷电金牌冷，一族风波夜壑红。
泥塑岳侯铁铸桧，只令千载骂奸雄。

董其昌《岳坟柱对》：

南人归南，北人归北，小朝廷岂求活耶；
孝子死孝，忠臣死忠，大丈夫当如是矣。

张岱《岳坟柱铭》：

呼天悲铁象，此冤未雪，常闻石马哭昭陵；
拓地饮黄龙，厥志当酬，尚见泥兵湿蒋庙。

［译文］

岳飞死后，狱卒隗顺背着他的尸体，从城中出来后到了北山安葬。后来朝廷悬赏访求岳飞的葬身之处，隗顺的儿子把这件事告诉了官府。等到打开棺木，岳飞的尸体仍像活着时一样，于是给他穿上礼服入殓下葬。隗顺，史书上没有记载他的事迹。现在岳飞能够备受尊崇，享受祭祀，神灵感念，百世流芳，都是因为隗顺的力量啊。太史倪元璐说："岳王祠里用泥为岳飞塑像，而用铁铸就秦桧、万俟卨的塑像，相比于岳飞，人们更想让秦桧、万俟卨这种奸恶之徒被后世铭记不忘啊。"岳飞的谥号被改为"忠武"，应是在明朝隆庆四年的时候。在岳王的墓前为秦桧、王氏、万俟卨三个人塑像，始于明朝正德八年，是指挥使李隆用铜铸造的，但是三人的塑像很快就被游人击碎了。后来又增加了张俊的塑像。这四人被反绑着双手，跪在岳飞的坟前。万历二十六年的时候，按察司副使范涞用铁铸的塑像替换了铜像，游人对他们捶打得更厉害了，四个塑像的脑袋都被打了下来，并且下身都被乱石掷击堆埋，只露出了肩膀和脊背。岳飞墓旁边是银瓶小姐的坟墓。岳飞被害后，他的女儿抱着银瓶投井自杀。杨铁崖在词中写道："岳家父，国之城；秦家奴，城之倾。皇天不灵，杀我父与兄。嗟我银瓶为我父，缇萦生不赎父死，不如无生。千尺井，一尺瓶，瓶中之水精卫鸣。"银瓶小姐的坟墓前有秦桧被肢解的尸首。天顺八年的时候，杭州的同知马伟将秦桧的塑像锯开竖立起来，首尾分开放置，以此来展示秦桧被斩的情状。隆庆五年，大雷把它击断了。太史朱之俊说："区区一个秦桧，铁做的脑袋木头做的心，都不能保存到现在。"天启丁卯年，浙江巡抚建造祠堂来谄媚魏忠贤之流，工艺非常精巧。把苏堤第一桥迁徙到了百步之外，几天的时间就建好了，人们都惊讶于它建成的速度。崇祯改元，魏忠贤的阴事败露，人们毁掉了他的祠堂，人们讨论用魏忠贤祠堂的木石材料修建岳王庙，占卜询问岳飞的意见，岳飞没有答应。

岳云，是岳飞的养子，十二岁就跟随张宪作战，因为得到岳云的帮助，张宪的军队取得大胜，号称为"赢官人"，军中的士兵都这样叫他。岳云手握两个重达八十斤的大铁锤。岳王征战讨伐敌人，岳云没有不参与的，常常立下奇功，岳王总是隐瞒他的功劳。岳云后来做到左武大夫、忠州防御使的职位。死的时候年仅二十二岁，后来被追赠安远军承宣使。他所用的铁锤一直保存至今。

张宪是岳飞的部将，多次立下战功。宋高宗绍兴十年，兀术在临颍驻扎军队，张宪大破其军队，追逐奔跑了十五里地，中原人民大为振奋。由于秦桧主张议和，就把军队调了回去。秦桧和张俊谋划杀掉岳飞，就引诱岳飞的部下告发岳飞的不轨之事，最终无人响应。张俊罗织罪名诬陷张宪，张宪被打得体无完肤，但是仍然强颜争辩，绝不屈服，最终被冤而死。景定二年时，张宪被追封为列文侯。正德十二年时，百姓王大祐挖地得到一块墓碑，于是就开始祭奠他。郡守梁材为张宪修造了一座祠庙，修撰唐皋为之写了记文。

牛皋的坟墓在栖霞岭上。牛皋，字伯远，是汝州人，是岳王的部将，先前立下很多战功。秦桧担心他怨恨自己，有一天就召集各位军士宴饮，用毒药将他杀害。牛皋临死时感叹说：“我将近六十岁了，官做到侍从郎，即使死了又有什么遗憾，只恨和议一旦达成，国家就日渐削弱。大丈夫不能沙场征战马革裹尸报效君主，这才是可叹的啊！”

张景元的《岳坟小记》记载：

岳飞的坟墓祠庙，祠庙朝南，以前在街市上。孙隆买下百姓的房屋，打通道路，直临西湖，盛大壮观，让人十分惬意。祠庙的右边是埋葬岳飞衣冠的地方。石门华表，体制并不大，但很有古意。

周诗《岳王坟》诗：

将军埋骨处，过客式英风。北伐生前烈，南枝死后忠。
干戈戎马异，涕泪古今同。目断封邱上，苍苍夕照中。

高启《岳王坟》诗：

大树无枝向北风，千年遗恨泣英雄。

班师诏已成三殿，射虏书犹说两宫。
每忆上方谁请剑，空嗟高庙自藏弓。
栖霞岭上今回首，不见诸陵白雾中。

唐顺之《岳王坟》诗：

国耻犹未雪，身危亦自甘。九原人不返，万壑气长寒。
岂恨藏弓早，终知借剑难。吾生非壮士，于此发冲冠。

蔡汝南《岳王墓》诗：

谁将三字狱，堕此一长城。北望真堪泪，南枝空自荣。
国随身共尽，君恃相为生。落日松风起，犹闻剑戟鸣。

王世贞《岳坟》诗：

落日松杉覆古碑，英风飒飒动灵祠。
空传赤帝中兴诏，自折黄龙大将旗。
三殿有人朝北极，六陵无树对南枝。
莫将乌喙论勾践，鸟尽弓藏也不悲。

徐渭《岳坟》诗：

墓门惨淡碧湖中，丹雘朱扉射水红。
四海龙蛇寒食后，六陵风雨大江东。
英雄几夜乾坤博，忠孝传家俎豆同。
肠断两宫终朔雪，年年麦饭隔春风。

张岱《岳王坟》诗：

西泠烟雨岳王宫，鬼气阴森碧树丛。

函谷金人长堕泪，昭陵石马自嘶风。
半天雷电金牌冷，一族风波夜壑红。
泥塑岳侯铁铸桧，只令千载骂奸雄。

董其昌《岳坟柱对》：

南人归南，北人归北，小朝廷岂求活耶；
孝子死孝，忠臣死忠，大丈夫当如是矣。

张岱《岳坟柱铭》：

呼天悲铁象，此冤未雪，常闻石马哭昭陵；
拓地饮黄龙，厥志当酬，尚见泥兵湿蒋庙。

紫云洞

紫云洞在烟霞岭右。其地怪石苍翠，劈空开裂，山顶层层，如厦屋天构。贾似道命工疏剔建庵，刻大士像于其上。双石相倚为门，清风时来，谽谺透出，久坐使人寒栗。又有一坎突出洞中，蓄水澄洁，莫测其底。洞下有懒云窝，四山围合，竹木掩映，结庵其中。名贤游览至此，每有遗世之思。洞旁一壑幽深，昔人凿石，闻金鼓声而止，遂名“金鼓洞”。洞下有泉，曰“白沙”。好事者取以瀹茗，与虎跑齐名。

王思任诗：

笋舆幽讨遍，大壑气沉沉。山叶逢秋醉，溪声入午喑。

是泉从竹护，无石不云深。沁骨凉风至，僧寮絮碧阴。

[译文]

紫云洞在烟霞岭的右边。这个地方怪石嶙峋，苍翠满目，天空仿佛被劈开了一条裂缝。山顶层层叠叠，仿佛天然构建的大屋。贾似道命令工人剔除清理，在此建立了一座庵堂，在墙壁上雕刻了观音菩萨像。两块石头相互倚对，作为大门，清风吹来，山谷空旷，坐久了就会感到阵阵寒意，让人禁不住战栗。另外，洞中有一个坎突出来，里面蓄着的水清澈洁净，深不可测。紫云洞下面有懒云窝，四面都是山峦环绕，围在一起，竹子树木互相掩映，其中盖有一座草房。名人贤士到这里游览，都会生发出离世隐居的念头。紫云洞旁有一条幽深的沟壑，前人在此凿刻石头，听到金石的声音就停止不再往前挖了，于是就命名为“金鼓洞”。洞下有泉水流出，叫作“白沙”。好事者取泉水来煮茶，能够和虎跑泉齐名。

王思任诗：

笋舆幽讨遍，大壑气沉沉。山叶逢秋醉，溪声入午喑。
是泉从竹护，无石不云深。沁骨凉风至，僧寮絮碧阴。

卷二　西湖西路

卷一

玉泉寺

玉泉寺为故净空院。南齐建元中，僧昙超说法于此，龙王来听，为之抚掌出泉，遂建龙王祠。晋天福三年，始建净空院于泉左，宋理宗书“玉泉净空院”额。祠前有池亩许，泉白如玉，水望澄明，渊无潜甲，中有五色鱼百余尾，投以饼饵，则奋鬐鼓鬣，攫夺盘旋，大有情致。泉底有孔，出气如橐籥，是即神龙泉穴。又有细雨泉，晴天水面如雨点，不解其故。泉出可溉田四千亩。近者曰鲍家田，吴越王相鲍庆臣采地也。万历二十八年，司礼孙东瀛于池畔改建大士楼居。春时，游人甚众，各携果饵到寺观鱼，喂饲之多，鱼皆餍饫，较之放生池，则侏儒饱欲死矣。

道隐《玉泉寺》诗：

在昔南齐时，说法有昙起。天花堕碧空，神龙听法语。
抚掌一赞叹，出泉成白乳。澄洁更空明，寒凉却酷暑。
石破起冬雷，天惊逗秋雨。如何烈日中，水纹如碎羽。
言有橐籥声，气孔在泉底。内多海大鱼，狰狞数百尾。
饼饵骤然投，要遮全振旅。见食即忘生，无怪盗贼聚。

［译文］

玉泉寺就是原来的净空院。南齐建元年间，昙超和尚在这里说法，龙王前来听讲，为他鼓掌，于是地上涌出泉水，后来就在这里修建了龙王祠。后晋天福三年，最早在泉水的左边建造了净空院。宋理宗亲自书写了“玉泉净空院”的匾额。龙王祠前有约一亩地大小的水池，泉水洁白如玉，远远望去澄澈明亮，池水中没有潜藏的鱼虾。水中有一百多条五色鱼，把鱼食投进池中，小鱼奋力向前，盘旋着抢夺食物，很有情致。泉水下面有孔穴，像风箱鼓风一样出气，这就是神龙泉穴。另外还有细雨泉，晴天的时候水面像雨点落下，不明白是什么原因。泉水流出来可以灌溉四千亩农田。离得较近的叫鲍家田，是吴越王的丞相鲍庆臣的封地。万历二十八年，司礼监孙东瀛在池边改建楼阁来供奉观音菩萨。春天的时候，游人很多，每人都带着鱼食到寺里来赏鱼，喂得多得鱼都吃撑了，和放生池相比，这里的鱼的食物真的是太丰盛了。

道隐《玉泉寺》诗：

在昔南齐时，说法有昙起。天花堕碧空，神龙听法语。
抚掌一赞叹，出泉成白乳。澄洁更空明，寒凉却酷暑。
石破起冬雷，天惊逗秋雨。如何烈日中，水纹如碎羽。
言有橐籥声，气孔在泉底。内多海大鱼，狰狞数百尾。
饼饵骤然投，要遮全振旅。见食即忘生，无怪盗贼聚。

集庆寺

九里松，唐刺史袁仁敬植。松以达天竺，凡九里，左右各三行，每行相去八九尺，苍翠夹道，藤萝冒涂，走其下者，人面皆绿。行里许，有集庆寺，乃宋理宗所爱阎妃功德院也。淳祐十一年建造。阎妃，鄞县人，以妖艳专宠后宫。寺额皆御书，巧丽冠于诸刹。经始时，望青采斫，勋旧不保，鞭笞追逮，扰及鸡豚。时有人书法堂鼓云：“净慈灵隐三天竺，不及阎妃好面皮。”理宗深恨之，大索不得。此寺至今有理宗御容两轴。六陵既掘，冬青不生，而帝之遗像竟托阎妃之面皮以存，何可轻诮也。元季毁，明洪武二十七年重建。

张京元《九里松小记》：

九里松者，仅见一株两株，如飞龙劈空，雄古奇伟。想当年，万绿参天，松风声壮于钱塘潮，今已化为乌有。更千百岁，桑田沧海，恐北高峰头有螺蚌壳矣，安问树有无哉！

陈玄晖《集庆寺》诗：

玉钩斜内一阎妃，姓氏犹传真足奇。
宫嫔若非能仿佛，御容焉得在招提。

布地黄金出紫薇，官家不若一阎妃。
江南赋税凭谁用，日纵平章恣水嬉。

开荒筑土建坛壝，功德巍峨在石碑。
集庆犹存宫殿毁，面皮真个属阎妃。

昔日曾传九里松，后闻建寺一朝空。
放生自出罗禽鸟，听信阇黎说有功。

[译文]

九里松，是唐朝刺史袁仁敬栽种的。松树连接天竺寺，共有九里地长，左右各栽种三行，每行距离有八九尺远。道路两旁一片翠绿，藤萝覆盖着道路，在松树下行走的人，脸都被映衬得成了绿色。沿着路往前走一里左右，有集庆寺，是宋理宗的爱妃阎妃为祈福而捐造的寺院。淳祐十一年建造。阎妃是鄞县人，因为长得妖媚艳丽，在后宫之中独被理宗宠爱。集庆寺的匾额都是理宗亲笔题写，构造精巧华丽，在各个寺院中为第一。在开始修建的时候，见到树木就砍伐，有功勋的旧臣反对，遭到鞭打追捕，惊扰百姓、鸡犬不宁。当时有人在法堂的鼓上写道："净慈灵隐三天竺，不及阎妃好面皮。"理宗对此非常痛恨，极力搜捕，也没找到这个人的下落。集庆寺现在还保存有两幅理宗的画像。六陵被挖掘了之后，冬青都不再生长了，理宗的遗像竟然因阎妃的脸面而保存了下来，多么值得讽刺啊！集庆寺在元代末年被毁，明朝洪武二十七年被重新修建。

张京元的《九里松小记》中说：

当年长达九里长的松树林，现在仅能看到一两棵，松树就像飞舞的龙把天空劈开，显得雄健苍劲、奇特壮美。遥想当年，万棵松树直入云霄，一片苍翠，松涛的声音比钱塘江的潮水声还要雄壮，而现在已经全部化为乌有了。再过千百年以后，沧海桑田，恐怕北高峰的顶上都会出现螺蚌壳了，哪里还用问松树的有无呢？

陈玄晖《集庆寺》诗：

玉钩斜内一阎妃，姓氏犹传真足奇。

宫嫔若非能仿佛，御容焉得在招提。

布地黄金出紫薇，官家不若一阎妃。
江南赋税凭谁用，日纵平章恣水嬉。

开荒筑土建坛壝，功德巍峨在石碑。
集庆犹存宫殿毁，面皮真个属阎妃。

昔日曾传九里松，后闻建寺一朝空。
放生自出罗禽鸟，听信阇黎说有功。

飞来峰

飞来峰，棱层剔透，嵌空玲珑，是米颠袖中一块奇石。使有石癖者见之，必具袍笏下拜，不敢以称谓简亵，只以石丈呼之也。深恨杨髡，遍体俱凿佛像，罗汉世尊，栉比皆是，如西子以花艳之肤，莹白之体，刺作台池鸟兽，乃以黔墨涂之也。奇格天成，妄遭锥凿，思之骨痛，翻恨其不匿影西方，轻出灵鹫，受人戮辱，亦犹士君子生不逢时，不束身隐遁，以才华杰出，反受摧残，郭璞、祢衡并受此惨矣。慧理一叹，谓其何事飞来，盖痛之也，亦惜之也。且杨髡沿溪所刻罗汉，皆貌己像，骑狮骑象，侍女皆裸体献花，不一而足。田公汝成锥碎其一，余少年读书岣嵝，亦碎其一。闻杨髡当日住德藏寺，专发古冢，喜与僵尸淫媾。知寺后有来提举夫人与陆左丞化女，皆以色夭，用水银灌殓。杨命发其冢。有僧真谛者，性騃戆，为寺中樵汲，闻之大怒，嗥呼诟谇。主僧惧祸，锁禁之。及五鼓，杨髡起，趣众发掘，真谛逾垣而出，抽韦驮木杵奋击杨髡，裂其脑盖。从人救护，无不被伤。但见真谛于众中跳跃，每逾寻丈，若隼撇虎腾，飞捷非人力可到。一时灯炬皆灭，䦆锄畚锸都被毁坏。杨髡大惧，谓是韦驮显圣，不敢往发，率众遽去，亦不敢问。此僧也，洵为山灵吐气。

袁宏道《飞来峰小记》：

湖上诸峰，当以飞来为第一。峰石逾数十丈，而苍翠玉立。渴虎奔猊，不足为其怒也；神呼鬼立，不足为其怪也；秋水暮烟，不足为其色也；颠书吴画，不足为其变幻诘曲也。石上多异木，不假土壤，根生石外。前后大小洞四五，窈窕通明，溜乳作花，若刻若镂。壁间佛像，皆杨髡所为，如美人面上瘢痕，奇丑可厌。余前后登飞来者五：初次与黄道元、方子公同登，单衫短后，直穷莲花峰顶。每遇一石，无不发狂大叫。次与王闻溪同登；次为陶石篑、周海门；次为王静虚、陶石篑兄弟；次为鲁休宁。每游一次，辄思作一诗，卒不可得。

又《戏题飞来峰》诗：

试问飞来峰，未飞在何处。人世多少尘，何事飞不去。
高古而鲜妍，扬班不能赋。

白玉簇其颠，青莲借其色。惟有虚空心，一片描不得。
平生梅道人，丹青如不识。

张岱《飞来峰》诗：

石原无此理，变幻自成形。天巧疑经凿，神功不受型。
搜空或浲水，开辟必雷霆。应悔轻飞至，无端遭巨灵。

石意犹思动，蹭䟸势若撑。鬼工穿曲折，儿戏斫珑玲。
深入营三窟，蛮开倩五丁。飞来或飞去，防尔为身轻。

[译文]

飞来峰，高耸入云，玲珑剔透，就像是米芾袖子中的一块奇石。让那些嗜好石头的人看到，一定会恭敬地下拜，不敢喊它的名字来亵渎它，仅仅用“石丈”的名字来称呼它。令人深深痛恨的是杨髡，他在飞来峰上到处凿壁雕刻佛像，罗汉世尊，鳞次栉比到处都是，就好比在西子如花一般艳丽的皮肤、晶莹洁白的身体上，给她刺上楼台水池、飞禽走兽，然后用黔墨涂在上面一样。飞来峰格局奇特，是天然形成的，胡乱遭受到锥刻斧凿，想起来都让人痛入骨髓。现在才为它感到痛心遗憾，因为它不把自己的行迹隐藏到西方，轻易地跑出灵鹫山，遭到恶人的侮辱。也就像君子生不逢时，没有隐居起来逃避尘世，反而因才华杰出受到摧残，郭璞和祢衡就都受过这样悲惨的遭遇。慧理和尚曾经感叹说：飞来峰为何飞到这里来？大概是为它感到痛心，也为它感到惋惜吧。而且杨髡沿着溪流所刻的罗汉像，都是照着他自己的容貌雕刻的，有的骑着狮子，有的骑着大象，一旁的侍女都赤裸身体为他献花，多得无法说全。田汝城锥碎了其中一座塑像；我年少的时候在岣嵝山房读书，也弄碎了其中一座。听说杨髡当年住在德藏寺，专门挖掘古墓，喜欢与僵尸交媾。知道寺后面有来提举夫人和陆左丞的爱女，都是因为美色而早亡，用水银灌进身体入殓。杨髡下令挖掘了她们的坟墓。有个真谛和尚，性情憨痴、天真，平日给寺中打柴取水，听说后非常愤怒，大声责骂他。掌管寺庙的僧官担心带来灾祸，就把真谛锁了起来禁止他外出。等到五更天的时候，杨髡起身，督促众人挖掘坟墓，真谛和尚跳墙跑了出来，拿着韦陀的木杵，用力击打杨髡，打破了他的头颅。一块儿来的人上前营救保护，没有不被真谛打伤的。只见真谛和尚在众人当中跳来跳去，每跳一次就有八尺到一丈远，就像是老鹰盘旋、老虎跳跃，飞腾迅捷，不是人力所能做到的。一时间，火把都熄灭了，耰锄畚锸各种挖掘工具都被毁掉了。杨髡非常害怕，说是韦驮显圣，不敢再去挖掘了，于是率领众人马上回去，也不敢再多问。这个和尚，实在是为这座灵异的山峰出了一口气。

袁宏道的《飞来峰小记》中说：

西湖边的诸座山峰，飞来峰应当属第一。飞来峰的石头超过几十丈高，并且颜色翠绿，像是美玉一样耸立着。饥渴的猛虎奔向猊兽，不足以形容它发怒的样子；神仙呼喊、鬼怪耸立，不足以形容它奇怪的形状；秋天傍晚时分江水生出的雾霭，不足以形容它的姿色；怀素的字、吴道子的画，不足以描绘它的变幻曲折。飞来峰上有许多奇异的草木，无需借助土壤就能生存，根部长在石头的外面。前后有四五个大小石洞，里面深邃窈窕、通畅明亮，石钟乳就像鲜花一样，像是雕刻出来的。石壁间的佛像都是杨髡所雕刻的，就像美女脸上的疤痕，奇丑无比，令人生厌。我前后五次登上飞来峰：第一次是和黄道元、方子公一同登上，穿着单薄的衣衫和短后衣，一直爬到莲花峰的峰顶。每看到一块石头，没有不发狂般大声喊叫的。第二次是和王闻溪一起登上的。

第三次则是同陶石篑、周海门一起。第四次是和王静虚、陶石篑兄弟。第五次是和鲁休宁。每来游玩一次，都想着作一首诗纪念，但最终也没有写成。

又《戏题飞来峰》诗：

试问飞来峰，未飞在何处。人世多少尘，何事飞不去。
高古而鲜妍，扬班不能赋。

白玉簇其颠，青莲借其色。惟有虚空心，一片描不得。
平生梅道人，丹青如不识。

张岱《飞来峰》诗：

石原无此理，变幻自成形。天巧疑经凿，神功不受型。
搜空或洚水，开辟必雷霆。应悔轻飞至，无端遭巨灵。

石意犹思动，躨跜势若撑。鬼工穿曲折，儿戏斫珑玲。
深入营三窟，蛮开倩五丁。飞来或飞去，防尔为身轻。

冷泉亭

冷泉亭在灵隐寺山门之左。丹垣绿树，翳映阴森。亭对峭壁，一泓泠然，凄清入耳。亭后西栗十余株，大皆合抱，冷飔暗樾，遍体清凉。秋初栗熟，大若樱桃，破苞食之，色如蜜珀，香若莲房。天启甲子，余读书岣嵝山房，寺僧取作清供。余谓鸡头实无其松脆，鲜胡桃逊其甘芳也。夏月乘凉，移枕簟就亭中卧月，涧流淙淙，丝竹并作。张公亮听此水声，吟林丹山诗："流向西湖载歌舞，回头不似在山时。"言此水声带金石，已先作歌舞矣，不入西湖安入乎！余尝谓住西湖之人，无人不带歌舞，无山不带歌舞，无水不带歌舞，脂粉纨绮，即村妇山僧，亦所不免。因忆眉公之言曰："西湖有名山，无处士；有古刹，无高僧；有红粉，无佳人；有花朝，无月夕。"曹娥雪亦有诗嘲之曰："烧鹅羊肉石灰汤，先到湖心次岳王。斜日未曛客未醉，齐抛明月进钱塘。"余在西湖，多在湖船作寓，夜夜见湖上之月，而今又避嚣灵隐，夜坐冷泉亭，又夜夜对山间之月，何福消受。余故谓西湖幽赏，无过东坡，亦未免遇夜入城。而深山清寂，皓月空明，枕石漱流，卧醒花影，除林和靖、李岣嵝之外，亦不见有多人矣。即慧理、宾王，亦不许其同在卧次。

袁宏道《冷泉亭小记》：

灵隐寺在北高峰下，寺最奇胜，门景尤好。由飞来峰至冷泉亭一带，涧水溜玉，画壁流香，是山之极胜处。亭在山门外，尝读乐天记有云："亭在山下水中，寺西南隅，高不倍寻，广不累丈，撮奇搜胜，物无遁形。春之日，草薰木欣，可以导和纳粹；夏之日，风泠泉渟，可以蠲烦析酲。山树为盖，岩石为屏，云从栋生，水与阶平。坐而玩之，可濯足于床下；卧而狎之，可垂钓于枕上。潺湲洁澈，甘粹柔滑，眼目之嚣，心舌之垢，不待盥涤，见辄除去。"观此记，亭当在水中，今依涧而立。涧阔不丈余，无可置亭者。然则冷泉之景，比旧盖减十分之七矣。

[译文]

冷泉亭在灵隐寺山门的左边。红墙绿树，树木枝繁叶茂，清幽阴凉。冷泉亭正对着陡峭的山崖，一汪泉水流过，耳中能听到凄清的流水声。冷泉亭后面西边有十多棵栗树，大都有两臂合抱粗细，凉风吹过路旁浓密的树荫，令人全身都感到清新凉爽。初秋的时候，栗子熟了，有樱桃般大小，剥开皮来品尝，颜色如琥珀，香甜如莲子。天启甲子年，我在岣嵝山房读书，寺里的和尚摘取栗子为我的书斋生活增添不少情趣。我认为鸡头果没它松脆，鲜胡桃也没它香甜。夏天乘凉，把枕头席子拿到亭子里在月亮下躺着，山涧里的泉水发出淙淙的响声，就像一起演奏各种乐器一样美妙动听。张公亮听到这样的流水声，吟诵着林丹山的诗："流向西湖载歌舞，回头不似在山时。"他说这流水自带钟磬的声音，已经先作了歌舞声，不流向西湖还能流向哪里呢！我曾经说过住在西湖边的人，无人不带歌舞，无山不带歌舞，无水不带歌舞，芳香柔软，即使是村中的妇女和山里的僧人，都在所难免。于是我想起陈眉公曾说过："西湖有名山，但没有德才兼备而不愿做官的人；有古刹，但没有德高望重的高僧；有红粉，但没有佳人；有有鲜花的早晨，但没有有明月的夜晚。"曹娥雪也写过诗嘲讽过："烧鹅羊肉石灰汤，先到湖心次岳王。斜日未曛客未醉，齐抛明月进钱塘。"我在西湖时，大多寄居在湖船上，每夜都能见到湖上的月色。而现在又避开喧嚣来到灵隐寺，夜里坐在冷泉亭里，每夜又可看到山间的明月，哪来的福分竟然可以享受这种美景。所以我说欣赏西湖的景色，没人能超过苏东坡，但苏东坡也不能避免到了晚上就进到城中。而山冷清寂静，明月澄澈晴朗，枕着山石听着流水，躺在花丛中并在花影中醒来，除了林和靖和李岣嵝之外，也没见过有其他人了。即使是慧理和尚和骆宾王，也没能这样做过。

袁宏道的《冷泉亭小记》中说：

灵隐寺在北高峰的下面，寺里面的风景最为奇特优美，寺门口的景色尤其美妙。从飞来峰到冷泉亭一带，山涧的泉水流淌，像玉珠滚动一样，如画的峭壁浮动着清香，这里是北高峰风景最好的地方。冷泉亭在灵隐寺的大门外边，我曾经读过白居易写的游记说："冷泉亭在北高峰山下的水中央，灵隐寺的西南角，高度不超过十六尺，宽度不到两丈，但在这里探寻奇丽的景色，所有的美景都会无处可藏。春天的时候，小草散发清香，树木欣欣向荣，在这里可以导气引体呼吸新鲜空气；夏天的时候，风清舒爽，泉水聚集，在这里可以消除烦恼，提神醒脑。山上的树林作为伞盖，岩石成为屏障，白云从亭子的画梁上生出，泉水和亭子的台阶持平。坐下来玩赏，可用亭椅下的清泉洗脚；卧下去玩赏，可以躺着垂竿钓鱼。流水潺潺，甘甜纯粹、柔软爽滑，眼睛里的喧嚣，心间嘴上的尘垢，不用去洗涤清除，看见冷泉就可以除掉。"看了这篇记文，冷泉亭原先应该是在水中，而现在却建在山涧旁边。山涧没有一丈多宽，没有可以盖亭子的地方。这样的话，冷泉的景色，和先前相比大概逊色了有十分之七。

灵隐寺

明季昭庆寺火，未几而灵隐寺火，未几而上天竺又火，三大寺相继而毁。是时唯具德和尚为灵隐住持，不数年，而灵隐早成。盖灵隐自晋咸和元年，僧慧理建，山门匾曰“景胜觉场”，相传葛洪所书。寺有石塔四，钱武肃王所建。宋景德四年，改景德灵隐禅寺，元至正三年毁。明洪武初再建，改灵隐寺。宣德七年，僧昙赞建山门，良玠建大殿，殿中有拜石，长丈余，有花卉鳞甲之文，工巧如画。正统十一年，玹理建直指堂，堂额为张即之所书，隆庆三年毁。万历十二年，僧如通重建。二十八年，司礼监孙隆重修，至崇祯十三年又毁。具和尚查如通旧籍，所费八万，今计工料当倍之。具和尚惨淡经营，咄嗟立办，其因缘之大，恐莲池金粟所不能逮也。具和尚为余族弟，丁酉岁，余往候之，则大殿、方丈尚未起工，然东边一带，闳阁精蓝凡九进，客房僧舍百什余间，棐几藤床，铺陈器皿，皆不移而具。香积厨中，初铸三大铜锅，锅中煮米三担，可食千人。具和尚指锅示余曰：“此弟十余年来所挣家计也。”饭僧之众，亦诸刹所无。午间方陪余斋，见有沙弥持赫蹄送看，不知何事，第对沙弥曰：“命库头开仓。”沙弥去。及余饭后出寺门，见有千余人蜂拥而来，肩上担米，顷刻上廪，斗斛无声，忽然竟去。余问和尚，和尚曰：“此丹阳施主某，岁致米五百担，水脚挑钱，纤悉自备，不许饮常住勺水，七年于此矣。”余为嗟叹。因问大殿何时可成，和尚对以：“明年六月，为弟六十，法子万人，人馈十金，可得十万，则吾事济矣。”逾三年而大殿、方丈俱落成焉。余作诗以记其盛。

张岱《寿具和尚并贺大殿落成》诗：

飞来石上白猿立，石自呼猿猿应石。
具德和尚行脚来，山鬼啾啾寺前泣。
生公叱石同叱羊，沙飞石走山奔忙。
驱使万灵皆辟易，火龙为之开洪荒。

正德初年有簿对，八万今当增一倍。
谈笑之间事已成，和尚功德可思议。
黄金大地破悭贪，聚米成丘粟若山。
万人团簇如蜂蚁，和尚植杖意自闲。
余见催科只数贯，县官敲朴加煅炼。
白粮升合尚怒呼，如坻如京不盈半。
忆昔访师坐法堂，赫蹄数寸来丹阳。
和尚声色不易动，第令侍者开仓场。
去不移时阶戺乱，白粲驮来五百担。
上仓斗斛寂无声，千百人夫顷刻散。
米不追呼人不系，送到座前犹屏气。
公侯福德将相才，罗汉神通菩萨慧。
如此工程非戏谑，向师颂之师不诺。
但言佛自有因缘，老僧只怕因果错。
余自闻言请受记，阿难本是如来弟。
与师同住五百年，挟取飞来复飞去。

张祜《灵隐寺》诗：

峰峦开一掌，朱槛几环延。佛地花分界，僧房竹引泉。
五更楼下月，十里郭中烟。后塔耸亭后，前山横阁前。
溪沙涵水静，洞石点苔鲜。好是呼猿父，西岩深响连。

贾岛《灵隐寺》诗：

峰前峰后寺新秋，绝顶高窗见沃洲。
人在定中闻蟋蟀，鹤于栖处挂猕猴。
山钟夜度空江水，汀月寒生古石楼。

心欲悬帆身未逸，谢公此地昔曾游。

周诗《灵隐寺》诗：

灵隐何年寺，青山向此开。涧流元不断，峰石自飞来。

树覆空王苑，花藏大士台。探冥有玄度，莫遣夕阳催。

[译文]

明朝末年，昭庆寺遭遇火灾，没过多久灵隐寺也遭遇火灾，没过多久上天竺寺也遭遇了火灾，三座大寺相继被烧毁。那时只有具德和尚做灵隐寺的住持，没几年的时间，就最早把灵隐寺修复完工了。灵隐寺在晋朝咸和元年，由慧理和尚始建，山门上的匾额写着“景胜觉场”，相传是葛洪所书写。灵隐寺里有四座石塔，是吴越武肃王钱镠建造的。宋朝景德四年时，改为景德灵隐禅寺，元代至正三年被毁掉。明朝洪武初年再次重建，改名为灵隐寺。宣德七年时，昙赞和尚修建了山门，良玠建造了大殿。殿中有一块拜石，有一丈多长，上面有花卉鳞甲的花纹，工艺巧妙，像画的一样。正统十一年时，玹理建造了直指堂，堂前的匾额是张即之书写的。隆庆三年被毁掉。万历十二年，如通和尚重新修建。万历二十八年，司礼监孙隆重新修建，到了崇祯十三年又被毁坏。具和尚查阅如通以前的书账，当时建造共用了八万两白银，现在的工料钱肯定是原来的二倍了。具和尚费尽心思辛苦筹划，想迅速把灵隐寺重新修好，这项工程巨大，恐怕高僧莲池、金粟如来都没法立时办到。具和尚是我的族弟，丁酉年我前去看望他，那时大殿和方丈还没有动工，但是东边一带，已经建好了九进僧舍，客房和僧舍加起来有一百多间，桌椅藤床、陈设的器皿，很快就备办完毕。寺里的厨房里，起先铸造了三口大铜锅，锅中能煮三担米，可以让上千人吃饭。具和尚指着锅对我说："这是我十几年来挣到的所有家底了。"在这吃饭的僧人之多，也是其他各个寺庙所没有的。中午的时候，具和尚才陪我一同吃斋饭。看到有小和尚拿来信件给他看，不知道是什么事情，他只对小和尚说："让库头打开仓库。"小和尚就离开了。等到我吃完饭，走出寺院大门，看到有上千人蜂拥而至，肩膀上扛着米，顷刻之间进到仓库里，倒米时没有一点声音，一会儿就离开了。我问具和尚，具和尚说："这是丹阳的一位施主某氏，每年给寺里送五百担米，运输费都是自己支付，连寺里的一口水都不允许自己人喝，这样做有七年的时间了。"我发出感叹，于是问他大殿什么时候能够建成，他说："明年的六月，我正好六十岁，有一万弟子，每人赠送十金，就能得到十万金，那么我的事情就可以办成了。"三年过后，大殿、方丈都修建好了。我写了一首诗来记录当时的盛况。

张岱《寿具和尚并贺大殿落成》诗：

飞来石上白猿立，石自呼猿猿应石。
具德和尚行脚来，山鬼啾啾寺前泣。
生公叱石同叱羊，沙飞石走山奔忙。
驱使万灵皆辟易，火龙为之开洪荒。
正德初年有簿对，八万今当增一倍。
谈笑之间事已成，和尚功德可思议。
黄金大地破悭贪，聚米成丘粟若山。
万人团簇如蜂蚁，和尚植杖意自闲。
余见催科只数贯，县官敲朴加锻炼。
白粮升合尚怒呼，如坻如京不盈半。

忆昔访师坐法堂，赫蹄数寸来丹阳。
和尚声色不易动，第令侍者开仓场。
去不移时阶戺乱，白粲驮来五百担。
上仓斗斛寂无声，千百人夫顷刻散。
米不追呼人不系，送到座前犹屏气。
公侯福德将相才，罗汉神通菩萨慧。
如此工程非戏谑，向师颂之师不诺。
但言佛自有因缘，老僧只怕因果错。
余自闻言请受记，阿难本是如来弟。
与师同住五百年，挟取飞来复飞去。

张祜《灵隐寺》诗：

峰峦开一掌，朱槛几环延。佛地花分界，僧房竹引泉。
五更楼下月，十里郭中烟。后塔耸亭后，前山横阁前。
溪沙涵水静，洞石点苔鲜。好是呼猿父，西岩深响连。

贾岛《灵隐寺》诗：

峰前峰后寺新秋，绝顶高窗见沃洲。
人在定中闻蟋蟀，鹤于栖处挂猕猴。
山钟夜度空江水，汀月寒生古石楼。
心欲悬帆身未逸，谢公此地昔曾游。

周诗《灵隐寺》诗：

灵隐何年寺，青山向此开。涧流元不断，峰石自飞来。
树覆空王苑，花藏大士台。探冥有玄度，莫遣夕阳催。

北高峰

北高峰在灵隐寺后，石磴数百级，曲折三十六湾。上有华光庙，以祀五圣。山半有马明王庙，春日祈蚕者咸往焉。峰顶浮屠七级，唐天宝中建，会昌中毁，钱武肃王修复之，宋咸淳七年复毁。此地群山屏绕，湖水镜涵，由上视下，歌舫渔舟，若鸥凫出没烟波，远而益微，仅觌其影。西望罗刹江，若匹练新濯，遥接海色，茫茫无际。张公亮有句:“江气白分海气合，吴山青尽越山来。”诗中有画。郡城正值江湖之间，委蛇曲折，左右映带，屋宇鳞次，竹木云蓊，郁郁葱葱，凤舞龙盘，真有王气蓬勃。山麓有无着禅师塔。师名文喜，唐肃宗时人也，瘗骨于此。韩侂胄取为葬地，启其塔，有陶龛焉。容色如生，发垂至肩，指爪盘屈绕身，舍利数百粒，三日不坏，竟荼毗之。

苏轼《游灵隐高峰塔》诗:

言游高峰塔，蓐食始野装。火云秋未衰，及此初旦凉。
雾霏岩谷暗，日出草木香。嘉我同来人，又便云水乡。
相劝小举足，前路高且长。古松攀龙蛇，怪石坐牛羊。
渐闻钟磬音，飞鸟皆下翔。入门空无有，云海浩茫茫。
惟见聋道人，老病时绝粮。问年笑不答，但指穴梨床。
心知不复来，欲归更彷徨。赠别留匹布，今岁天早霜。

［译文］

北高峰在灵隐寺的后面，有几百级的台阶，曲曲折折有三十六个转弯。上面有华光庙，用来祭祀五位圣人。半山处有马明王的祠庙。春天的时候，祈求养蚕丰收的人都前来拜祭。北高峰的峰顶有一座七级的佛塔，是唐玄宗天宝年间建造的，唐武宗会昌年间遭到毁坏。钱武肃王钱镠修复了它，宋朝咸淳七年时又被毁坏。这个地方群山环绕，湖面如镜涵养万物。从上面往下看，唱歌的画船以及打鱼的渔船，就像是水鸟在水间烟波处出没，往远处看，东西显得更加渺小，只能看到影子。往西眺望罗刹江，就像一匹新洗的白练，远方和大海相接，苍茫无边。张公亮有句诗写道："江气白分海气合，吴山青尽越山来。"诗里面有画境。郡城正好处在江湖的中间，蜿蜒曲折，左右的景物互相衬托，房屋错落有致，竹林茂密，郁郁葱葱，凤凰起舞蛟龙盘踞，真是有蓬勃的帝王之气。山麓上有无着禅师的舍利塔，无着禅师名叫文喜，是唐肃宗时人，塔里掩埋着他的尸骨。韩侂胄想将这里作为自己的坟地，打开了无着禅师的舍利塔，挖出一个陶制的神龛。无着禅师的面貌像活着的一样，头发长到肩膀，手指盘曲绕着身体，有几百颗舍利，三天过去，尸身都没有腐坏，韩侂胄最终把他火葬了。

苏轼《游灵隐高峰塔》诗：

言游高峰塔，蓐食始野装。火云秋未衰，及此初旦凉。
雾霏岩谷暗，日出草木香。嘉我同来人，又便云水乡。
相劝小举足，前路高且长。古松攀龙蛇，怪石坐牛羊。
渐闻钟磬音，飞鸟皆下翔。入门空无有，云海浩茫茫。
惟见聋道人，老病时绝粮。问年笑不答，但指穴梨床。
心知不复来，欲归更彷徨。赠别留匹布，今岁天早霜。

韬光庵

韬光庵在灵隐寺右之半山，韬光禅师建。师蜀人，唐太宗时，辞其师出游，师嘱之曰："遇天可留，逢巢即止。"师游灵隐山巢沟坞，值白乐天守郡，悟曰："吾师命之矣。"遂卓锡焉。乐天闻之，遂与为友，题其堂曰"法安"。内有金莲池、烹茗井，壁间有赵阅道、苏子瞻题名。庵之右为吕纯阳殿，万历十二年建，参政郭子章为之记。骆宾王亡命为僧，匿迹寺中。宋之问自谪所还至江南，偶宿于此。夜月极明，之问在长廊索句，吟曰："鹫岭郁岧峣，龙宫锁寂寥。"后句未属，思索良苦。有老僧点长明灯，同曰："少年夜不寐，而吟讽甚苦，何耶？"之问曰："适欲题此寺，得上联而下句不属。"僧请吟上句，宋诵之。老僧曰："何不云'楼观沧海日，门对浙江潮'？"之问愕然，讶其遒丽，遂续终篇。迟明访之，老僧不复见矣。有知者曰："此骆宾王也。"

袁宏道《韬光庵小记》：

韬光在山之腰，出灵隐后一二里，路径甚可爱。古木婆娑，草香泉渍，淙淙之声，四分五络，达于山厨。庵内望钱塘江，浪纹可数。余始入灵隐，疑宋之问诗不似，意古人取景，或亦如近代词客，捃拾帮凑。及登韬光，始知"沧海""浙江""扪萝""刳木"数语，字字入画，古人真不可及矣。宿韬光之次日，余与石篑、子公同登北高峰，绝顶而下。

张京元《韬光庵小记》：

韬光庵在灵鹫后，鸟道蛇盘，一步一喘。至庵，入坐一小室，峭壁如削，泉出石罅，汇为池，蓄金鱼数头。低窗曲槛，相向啜茗，真有武陵世外之想。

萧士玮《韬光庵小记》：

初二，雨中上韬光庵。雾树相引，风烟披薄，木末飞流，江悬海挂。倦时踞石而坐，倚竹而息。大都山之姿态，得树而妍；山之骨格，得石而苍；山之营卫，得水而活。惟韬光道中能全有之。初至灵隐，求所谓“楼观沧海日，门对浙江潮”，竟无所有。至韬光，了了在吾目中矣。白太傅碑可读，雨中泉可听，恨僧少可语耳。枕上沸波，竟夜不息，视听幽独，喧极反寂。益信声无哀乐也。

受肇和《自韬光登北高峰》诗：

高峰千仞玉嶙峋，石磴攀跻翠蔼分。
一路松风长带雨，半空岚气自成云。
上方楼阁参差见，下界笙歌远近闻。
谁似当年苏内翰，登临处处有遗文。

白居易《招韬光禅师》诗：

白屋炊香饭，荤膻不入家。滤泉澄葛粉，洗手摘藤花。
青菜除黄叶，红姜带紫芽。命师相伴食，斋罢一瓯茶。

韬光禅师《答白太守》诗：

山僧野性爱林泉，每向岩阿倚石眠。
不解栽松陪玉勒，惟能引水种青莲。
白云乍可来青嶂，明月难教下碧天。
城市不能飞锡至，恐妨莺啭翠楼前。

杨蟠《韬光庵》诗：

寂寂阶前草，春深鹿自耕。老僧垂白发，山下不知名。

王思任《韬光庵》诗：

云老天穷结数楹，涛呼万壑尽松声。
鸟来佛座施花去，泉入僧厨漉菜行。
一捺断山流海气，半株残塔插湖明。
灵峰占绝杭州妙，输与韬光得隐名。

又《韬光涧道》诗：

灵隐入孤峰，庵庵叠翠重。僧泉交竹驿，仙屋破云封。
绿暗天俱贵，幽寒月不浓。涧桥秋倚处，忽一响山钟。

［译文］

韬光庵在灵隐寺右边的半山腰上，是韬光禅师兴建的。韬光禅师，是蜀地人。唐太宗的时候，韬光禅师辞别他的师父外出远游，师父嘱咐他说："遇到天，就可以留下。遇到巢，就不要走了。"韬光禅师云游到灵隐山的巢沟坞，当时白居易担任太守，禅师有所感悟地说："我师父说的就是这里了。"于是就在这里住了下来。白居易听说了这件事，就来和他做了朋友，在他的堂上题写了"法安"二字。庵内有金莲池、烹茗井，墙壁上有赵阅道、苏轼的题字。韬光庵的右边是吕洞宾的大殿，万历十二年建造，参政郭子章为它写了记文。骆宾王逃命做了和尚，曾藏匿在寺院里。宋之问从被贬的地方返回江南，也偶然在这里住宿。那天晚上的月色极其明亮，宋之问在长廊里寻觅诗句，吟道："鹫岭郁岧峣，龙宫锁寂寥。"下一句没有对上，思考得很辛苦。有一位老和尚点着长明灯，问他："少年你晚上不睡觉，而苦苦寻诗觅句，这是为什么呢？"宋之问回答说："我刚才想为这座寺庙题写一首诗，想到了上联，却一直没有想出来下联。"老和尚让宋之问念出前两句诗，宋之问念了出来。老和尚说："为何不用'楼观沧海日，门对浙江潮'来接呢？"宋之问非常惊讶，惊异于他的诗句遒劲秀丽，于是就作完这首诗。第二天早上宋之问前去寻访老和尚，老和尚没有再和他见面。有知道情况的人说："这个老和尚是骆宾王啊。"

袁宏道的《韬光庵小记》中说：

韬光庵在半山腰，从灵隐寺出来后一二里地就可以走到，通向韬光庵的小路很是可爱。古树枝叶扶疏，草香弥漫，泉水流淌，潺潺的流水声很悦耳，四分五络，可以到达山野人家的厨房。从韬光庵里向钱塘江眺望，波浪的浪纹都可以数得清楚。我刚开始到灵隐时，怀疑宋之问的诗写的不像这里，认为古人取景，或者也像是近代的词人拼凑成章。等到登上韬光庵，才知道"沧海""浙江""扪萝""刳木"这几个词语，每个字都可以画到画里面，古人的才华真是遥不可及啊。在韬光庵借住的第二天，我和石篑、子公一起攀登北高峰，一直爬到山顶才下来。

张京元的《韬光庵小记》中说：

韬光庵在灵鹫山的后边，鸟道像蛇一样盘曲，走一步就要喘上一口气。到了韬光庵，进到一个小屋子里坐下，陡峭的崖壁像是用刀削的一样，泉水从石缝里流出，汇到一起成为一个水池，里边蓄养着几条金鱼。窗户低矮，门槛曲折，在这里相对饮茶，真是会有隐居到武陵世外桃源的念头啊。

萧士玮的《韬光庵小记》中说：

初二时，在雨中登上韬光庵。林间雾气弥漫，如同轻纱，树梢上水珠滴落，就像长江和大海被悬挂起来一样。感到疲惫时，就坐在石头上，倚着竹子休息。山的姿态，大多是因为有了树而变得美丽；山的骨架，因为有了岩石而变得苍劲有力；山的精气，因为有了水而变得活泼可爱。只有在去往韬光庵的路上能全部看到这些景象。刚到灵隐寺的时候，寻找宋之问所说的“楼观沧海日，门对浙江潮”，但是最终也没有见到。到韬光庵，才清清楚楚地看到了这种景观。在这里可以读到白居易的碑文，可以在雨中听到泉水的声音，遗憾的是没有僧人可以交谈。晚上在枕头上，整夜都可以听到不息的水波的声音，在幽深孤寂的环境中所听所看，喧闹至极反而愈发显得寂静。这使我更加相信声音本身是没有哀乐的分别的。

受肇和《自韬光登北高峰》诗：

高峰千仞玉嶙峋，石磴攀跻翠蔼分。
一路松风长带雨，半空岚气自成云。
上方楼阁参差见，下界笙歌远近闻。
谁似当年苏内翰，登临处处有遗文。

白居易《招韬光禅师》诗：

白屋炊香饭，荤膻不入家。滤泉澄葛粉，洗手摘藤花。
青菜除黄叶，红姜带紫芽。命师相伴食，斋罢一瓯茶。

韬光禅师《答白太守》诗：

山僧野性爱林泉，每向岩阿倚石眠。

不解栽松陪玉勒，惟能引水种青莲。
白云乍可来青嶂，明月难教下碧天。
城市不能飞锡至，恐妨莺啭翠楼前。

杨蟠《韬光庵》诗：

寂寂阶前草，春深鹿自耕。老僧垂白发，山下不知名。

王思任《韬光庵》诗：

云老天穷结数楹，涛呼万壑尽松声。
鸟来佛座施花去，泉入僧厨漉菜行。
一捺断山流海气，半株残塔插湖明。
灵峰占绝杭州妙，输与韬光得隐名。

又《韬光涧道》诗：

灵隐入孤峰，庵庵叠翠重。僧泉交竹驿，仙屋破云封。
绿暗天俱贵，幽寒月不浓。涧桥秋倚处，忽一响山钟。

岣嵝山房

李芰号岣嵝，武林人，住灵隐韬光山下。造山房数楹，尽驾回溪绝壑之上。溪声淙淙出阁下，高崖插天，古木蓊蔚，大有幽致。山人居此，孑然一身，好诗，与天池徐渭友善。客至，则呼僮驾小舫，荡桨于西泠、断桥之间，笑咏竟日。以山石自礳生圹，死即埋之。所著有《岣嵝山人诗集》四卷。天启甲子，余与赵介臣、陈章侯、颜叙伯、卓珂月、余弟平子，读书其中。主僧自超，园蔬山蔌，淡薄凄清。但恨名利之心未净，未免唐突山灵，至今犹有愧色。

张岱《岣嵝山房小记》：

岣嵝山房，逼山、逼溪、逼韬光路，故无径不梁，无屋不阁。门外苍松傲睨，蓊以杂木，冷绿万顷，人面俱失。石桥低磴，可坐十人。寺僧刳竹引泉，桥下交交牙牙，皆为竹节。天启甲子，余键户其中者七阅月，耳饱溪声，目饱清樾。山上下多西栗鞭笋，甘芳无比。邻人以山房为市，蓏果、羽族日致之，而独无鱼。乃潴溪为壑，系巨鱼数十头，有客至，辄取鱼给鲜。日晡，必步冷泉亭、包园、飞来峰。一日，缘溪走看佛像，口口骂杨髡。见一波斯胡坐龙象，蛮女四五献花果，皆裸形，勒石志之，乃真伽像也。余椎落其首，并碎诸蛮女，置溺溲处以报之。寺僧以余为椎佛也，咄咄作怪事，及知为杨髡，皆欢喜赞叹。

徐渭《访李岣嵝山人》诗：

岣嵝诗客学全真，半日深山说鬼神。
送到涧声无响处，归来明月满前津。
七年火宅三车客，十里荷花两桨人。
两岸鸥凫仍似昨，就中应有旧相亲。

王思任《岣嵝僧舍》诗：

乱苔膏古荫，惨绿蔽新芊。鸟语皆番异，泉心即佛禅。
买山应较尺，赊月敢辞钱。多少清凉界，幽僧抱竹眠。

[译文]

李茇，号岣嵝，是武林人，居住在灵隐韬光山的下面。他建造了几间山房，都是建在回曲的溪流和深邃的山谷上面。淙淙的溪流从楼阁下面流出来，高高的山崖直插云天，古树繁茂，很是幽静雅致。李茇独自一人住在这里，喜欢写诗作文，和天池山人徐渭是好朋友。客人到来，就让书童驾着小船，在西泠和断桥之间悠游飘荡，整天谈笑吟咏。他用山间的石头堆砌起来造了一座墓穴，死后就埋在了这里。著作有四卷《岣嵝山人诗集》。天启甲子年，我和赵介臣、陈章侯、颜叙伯、卓珂月，还有我的弟弟张平子在岣嵝山房读书。寺院的住持自超，在园子里种着山间的蔬菜，凄清幽淡。只是遗憾自己内心仍有追逐名利的念头，未免唐突了山间的神灵，到现在想起来还觉得内心有愧。

张岱的《岣嵝山房小记》中说：

岣嵝山房，靠近山脉，靠近溪流，靠近韬光路，所以没有哪条路不架着桥梁，没有哪间屋子不建有楼阁。门外松树苍劲挺拔，夹杂着别的树木，绿树万顷，在这里人的面貌都看不见了。石桥下面的台阶可以坐十个人。寺里的僧人挖空竹子引来泉水，桥下交错纵横的都是竹节。天启甲子年，我在岣嵝山房闭门过了七个多月，每天都饱听溪流的声音，满眼看着茂密的树荫。山里上下有很多西栗、鞭笋，极为甘甜芬芳。邻居在岣嵝山房做生意，瓜果、禽类每天都能买来，唯独没有鱼。于是把小溪挖了一条深沟，里边放了几十条大鱼，人到来，就捉鱼来尝鲜。吃完饭，一定会走到冷泉亭、包园、飞来峰。有一天，沿着小溪往前去观看佛像，于是每人都大骂杨髡。看见一波斯模样的胡人雕像坐在龙和象上，有四五个异族的女子给他进献花果，都赤身裸体，还有碑文记载，说是杨髡的塑像。我打掉了他的脑袋，把这几个异族的女子也击碎了，并把他们放在如厕的地方报复他。寺里的僧人以为我打碎了佛像，责备我做出这样奇怪的事情，等到知道打碎的是杨髡，都高兴地称赞我。

徐渭《访李岣嵝山人》诗：

岣嵝诗客学全真，半日深山说鬼神。
送到涧声无响处，归来明月满前津。
七年火宅三车客，十里荷花两桨人。
两岸鸥凫仍似昨，就中应有旧相亲。

王思任《岣嵝僧舍》诗：

乱苔膏古荫，惨绿蔽新芊。鸟语皆番异，泉心即佛禅。
买山应较尺，赊月敢辞钱。多少清凉界，幽僧抱竹眠。

青莲山房

青莲山房，为涵所包公之别墅也。山房多修竹古梅，倚莲花峰，跨曲涧，深岩峭壁，掩映林麓间。公有泉石之癖，日涉成趣。台榭之美，冠绝一时。外以石屑砌坛，柴根编户，富贵之中，又着草野。正如小李将军作丹青界画，楼台细画，虽竹篱茅舍，无非金碧辉煌也。曲房密室，皆储偫美人，行其中者，至今犹有香艳。当时皆珠翠团簇，锦绣堆成。一室之中，宛转曲折，环绕盘旋，不能即出。主人于此精思巧构，大类迷楼。而后人欲如包公之声伎满前，则亦两浙荐绅先生所绝无者也。今虽数易其主，而过其门者必曰“包氏北庄”。

陈继儒《青莲山房》诗：

造园华丽极，反欲学村庄。编户留柴叶，磊坛带石霜。
梅根常塞路，溪水直穿房。觅主无从入，裴回走曲廊。

主人无俗态，筑圃见文心。竹暗常疑雨，松梵自带琴。
牢骚寄声伎，经济储山林。久已无常主，包庄说到今。

[译文]

青莲山房，是包涵所的别墅。别墅里栽有高高的竹林和古朴的梅花，倚靠着莲花峰，横跨曲折的山涧，深深的岩石、陡峭的山壁，掩映在山林之间。包公嗜好泉水山石，每天在泉石之间流连忘返，兴致很浓。这里的亭台楼榭非常秀美，为当时第一。外边用石屑垒砌成坛，用树根做成篱笆，富贵中间又有着一份野趣。正如小李将军李昭道画画时，楼台都细细地描画，即使是竹篱笆茅草屋，也无不显得金碧辉煌。内室里面用来藏美人，在内室中行走，到现在尚且还留有香艳的气息。当时，都是珠宝翠玉、花团锦簇，用锦绣堆砌而成。一间屋子之中，曲曲折折，低回婉转，环绕盘旋，不能即刻走出来。主人在此精巧构思室内的布局，很像是在效仿隋炀帝建造的迷楼。而后人也想像包公一样声伎陈满眼前，但两浙做官的人中再也没有第二个了。现在虽然换了很多次主人，但从这青莲山房门前经过的人一定会称它为“包氏北庄”。

陈继儒《青莲山房》诗:

造园华丽极，反欲学村庄。编户留柴叶，磊坛带石霜。
梅根常塞路，溪水直穿房。觅主无从入，裴回走曲廊。
主人无俗态，筑圃见文心。竹暗常疑雨，松梵自带琴。
牢骚寄声伎，经济储山林。久已无常主，包庄说到今。

呼猿洞

呼猿洞在武林山。晋慧理禅师，常畜黑白二猿，每于灵隐寺月明长啸，二猿隔岫应之，其声清皦。后六朝宋时，有僧智一，仿旧迹而畜数猿于山，临涧长啸，则群猿毕集，谓之猿父。好事者施食以斋之，因建饭猿堂。今黑白二猿尚在，有高僧住持，则或见黑猿，或见白猿。具德和尚到山间，则黑白皆见。余于方丈作一对送之:“生公说法，雨堕天花，莫论飞去飞来，顽皮石也会点头；慧理参禅，月明长啸，不问是黑是白，野心猿都能答应。”具和尚在灵隐，声名大著。后以径山佛地谓历代祖师多出于此，徙往径山。事多格迕，为时无几，遂致涅槃。方知盛名难居，虽在缁流，亦不可多取。

陈洪绶《呼猿洞》诗:

慧理是同乡，白猿供使令。以此后来人，十呼十不应。

明月在空山，长啸是何意。呼山山自来，麾猿猿不去。

痛恨遇真伽，斧斤残怪石。山亦悔飞来，与猿相对泣。

洞黑复幽深，恨无巨灵力。余欲锤碎之，白猿当自出。

张岱《呼猿洞》对：

洞里白猿呼不出；崖前残石悔飞来。

［译文］

呼猿洞在武林山上。晋朝的慧理禅师曾经饲养了一黑一白两只猿猴，慧理禅师常常于月明时分，在灵隐寺长啸，两只猿猴都会隔着山洞和他呼应，猿猴的声音清晰明亮。后来六朝时期的刘宋年间，有一位法号叫智一的和尚效仿慧理禅师在山上养了好几只猿猴，有一只猿猴面对山涧大声呼叫，则一群猿猴都会聚集起来，大家都叫它猿父。有好事者给他们投放食物吃，于是修建了一座饭猿堂。现在，黑白两只猿猴仍然健在。高僧住持有的看到过黑猿，有的看到过白猿。具德和尚到山里去，黑白猿猴都看到过。我在方丈殿作了一副对联送给他："生公说法，雨堕天花，莫论飞去飞来，顽皮石也会点头。慧理参禅，月明长啸，不问是黑是白，野心猿都能答应。"具和尚在灵隐寺，名声大显。后来因为径山是修佛的圣地，历代祖师大多出自径山，于是他便迁到了径山。遇事多有不顺，在那待了没有多久便圆寂了。才知道盛名之下难以自处，即使是出家人，也不可多得。

陈洪绶《呼猿洞》诗：

慧理是同乡，白猿供使令。以此后来人，十呼十不应。
明月在空山，长啸是何意。呼山山自来，麾猿猿不去。

痛恨遇真伽，斧斤残怪石。山亦悔飞来，与猿相对泣。
洞黑复幽深，恨无巨灵力。余欲锤碎之，白猿当自出。

张岱《呼猿洞》对：

洞里白猿呼不出；崖前残石悔飞来。

三生石

三生石在下天竺寺后。东坡《圆泽传》曰："洛师惠林寺，故光禄卿李憕居第。禄山陷东都，憕以居守死之。子源，少时以贵游子豪侈善歌闻于时。及憕死，悲愤自誓，不仕、不娶、不食肉，居寺中五十余年。寺有僧圆泽，富而知音。源与之游甚密，促膝交语竟日，人莫能测。一日相约游蜀青城、峨嵋山，源欲自荆州溯峡，泽欲取长安斜谷路。源不可，曰：'吾以绝世事，岂可复到京师哉！'泽默然久之，曰：'行止固不由人。'遂自荆州路。舟次南浦，见妇人锦裆负罂而汲者，泽望而叹曰：'吾不欲由此者，为是也。'源惊问之。泽曰：'妇人姓王氏，吾当为之子。孕三岁矣，吾不来，故不得乳，今既见，无可逃之。公当以符咒助吾速生，三日浴儿时，愿公临我，以笑为信。后十三年中秋月夜，杭州天竺寺外，当与公相见。'源悲悔，而为具沐浴易服，至暮，泽亡而妇乳。三日，往观之，儿见源果笑。具以语王氏，出家财葬泽山下。源遂不果行。返寺中，问其徒，则既有治命矣。后十三年，自洛还吴，赴其约。至所约，闻葛洪川畔有牧童扣角而歌之曰：'三生石上旧精魂，赏月吟风不要论。惭愧情人远相访，此身虽异性长存。’呼问：‘泽公健否？’答曰：‘李公真信士，然俗缘未尽，慎弗相近，惟勤修不堕，乃复相见。’又歌曰：‘身前身后事茫茫，欲话因缘恐断肠。吴越山川寻已遍，却回烟棹上瞿唐。’遂去，不知所之。后二年，李德裕奏源忠臣子，笃孝，拜谏议大夫。不就，竟死寺中，年八十一。”

王元章《送僧归中竺》诗：

天香阁上风如水，千岁岩前云似苔。
明月不期穿树出，老夫曾此听猿来。
相逢五载无书寄，却忆三生有梦回。
乡曲故人凭问讯，孤山梅树几番开。

苏轼《赠下天竺惠净师》诗：

予去杭十六年而复来，留二年而去。平生自觉出处老少，粗似乐天，虽才名相远，而安分寡求亦庶几焉。三月六日，来别南北山诸道人，而下天竺惠净师以丑石赠，作三绝句：

当年衫鬓两青青，强说重来慰别情。
衰鬓只今无可白，故应相对说来生。

出处依稀似乐天，敢将衰朽较前贤。
便从洛社休官去，犹有闲居二十年。

在郡依前六百日，山中不记几回来。
还将天竺一峰去，欲把云根到处栽。

[译文]

三生石在下天竺寺的后边。苏轼在《圆泽传》里说："京师洛阳的惠林寺，是光禄卿李憕的旧居。安禄山攻克洛阳时，李憕因留下守城而死难。李憕的儿子李源，年少时就因为是个富家子弟，生活豪华奢侈擅长唱歌而被世人所知。等到李憕战死，悲愤地发誓，不做官、不娶妻、不吃肉，在寺中住了五十多年。寺里有一个叫圆泽的僧人，和李源是知音。李源和他交往密切，整天促膝长谈，没有人知道他们都谈论些什么。有一天，两人相约一块游览蜀地青城的峨眉山，李源想从荆州顺着三峡逆流而上，圆泽想取道走长安斜谷这条路。李源没有同意，说：'我已经和尘世断绝来往，怎么能再到京师去呢！'圆泽沉默了很久，说：'走还是停本来就由不得自己。'于是和李源一起从荆州出发。船停靠在南浦，看见有一个妇人穿着内衣背着水瓶打水，圆泽看着她感叹说：'我不想走这条路，就是因为这个缘故。'李源很惊讶地问他缘由。圆泽说：'这妇女姓王，我应当做她的儿子。她已经怀孕了三年，我不来，所以她不能生产。今天既然相见，没有地方可以逃了。你应当用符咒帮助我快点出生。出生三天后给孩子洗浴时，希望你能来看我，以笑容为凭证。十三年后中秋节的晚上，在杭州天竺寺外，我应当会和你相见。'李源听后悲痛悔恨，就为圆泽沐浴更衣。到了傍晚时分，圆泽圆寂，妇人生下了孩子。三天后，李源前去探望，这个孩子见了李源果然笑了。李源把这事详细地告诉了王氏，王氏拿出钱把圆泽埋葬在山下边。李源也就不再前行。返回寺中后，询问圆泽的徒弟，知道圆泽已经留有遗嘱。十三年后，李源从洛阳返回吴地，赶赴当年的约定。到了说好的地方，听到葛洪川畔有牧童拍打着牛角唱歌：'三生石上旧精魂，赏月吟风不要论。惭愧情人远相访，此身虽异性长存。'

李源上前询问：'圆泽，你还好吗？'对方回答说：'李公你真是一个守信的人，但是尘俗的缘分还没有了断，千万不要接近我，只有不停地勤加修行，我们才会再相见。'又唱道：'身前身后事茫茫，欲话因缘恐断肠。吴越山川寻已遍，却回烟棹上瞿唐。'于是就离开了，不知到哪里去了。两年后，李德裕向皇帝上奏说李源是忠臣的儿子，十分孝顺，就授予他谏议大夫的职位。李源没有赴任，最终在寺中去世，享年八十一岁。"

王元章《送僧归中竺》诗：

天香阁上风如水，千岁岩前云似苔。
明月不期穿树出，老夫曾此听猿来。
相逢五载无书寄，却忆三生有梦回。
乡曲故人凭问讯，孤山梅树几番开。

苏轼《赠下天竺惠净师》诗：

我离开杭州十六年又回来，待了两年又要离开。平生与老少相处，和白居易大略相似，虽然才名和他差得很远，但安分少欲这点和他差不多。三月六日，前来和南北山诸位修道者告别，下天竺寺的慧净大师赠送给我一块丑石，因此我作了三首绝句：

当年衫鬓两青青，强说重来慰别情。
衰鬓只今无可白，故应相对说来生。

出处依稀似乐天，敢将衰朽较前贤。
便从洛社休官去，犹有闲居二十年。

在郡依前六百日，山中不记几回来。

还将天竺一峰去，欲把云根到处栽。

上天竺

上天竺，晋天福间，僧道翊结茅庵于此。一夕，见毫光发于前涧，晚视之，得一奇木，刻画观音大士像。后汉乾祐间，有僧从勋自洛阳持古佛舍利来，置顶上，妙相庄严，端正殊好，昼放白光，士民崇信。钱武肃王常梦白衣人求葺其居，寤而有感，遂建天竺观音看经院。宋咸平中，浙西久旱，郡守张去华率僚属具幡幢华盖，迎请下山，而澍雨沾足。自是有祷辄应，而雨每滂薄不休，世传烂稻龙王焉。南渡时，施舍珍宝，有日月珠、鬼谷珠、猫睛等，虽大内亦所罕见。嘉祐中，沈文通治郡，谓观音以声闻宣佛力，非禅那所居，乃以教易禅，令僧元净号辨才者主之。凿山筑室，几至万础。治平中，郡守蔡襄奏赐“灵感观音”殿额。辨才乃益凿前山，辟地二十有五寻，殿加重檐。建炎四年，兀术入临安，高宗航海。兀术至天竺，见观音像，喜之，乃载后车，与《大藏经》并徙而北。时有比丘知完者，率其徒以从。至燕，舍于都城之西南五里，曰玉河乡，建寺奉之。天竺僧乃重以他木刻肖前像，诡曰：“藏之井中，今方出现。”其实并非前像也。乾道三年，建十六观堂，七年，改院为寺，门匾皆御书。庆元三年，改天台教寺。元至元三年毁。五年，僧庆思重建，仍改天竺教寺。元末毁。明洪武初重建，万历二十七年重修。崇祯末年又毁，清初又建。时普陀路绝，天下进香者，皆近就天竺，香火之盛，当甲东南。二月十九日，男女宿山之多，殿内外无下足处，与南海潮音寺正等。

张京元《上天竺小记》：

天竺两山相夹，回合若迷。山石俱骨立，石间更绕松篁。过下竺，诸僧鸣钟肃客，寺荒落不堪入。中竺如之。至上竺，山峦环抱，风气甚固，望之亦幽致。

萧士玮《上天竺小记》：

上天竺，叠嶂四周，中忽平旷，巡览迎眺，惊无归路。余知身之入而不知其所由入也。从天竺抵龙井，曲涧茂林，处处有之。一片云、神运石，风气遒逸，神明刻露。选石得此，亦娶妻得姜矣。泉色绀碧，味淡远，与他泉迥矣。

苏轼《记天竺诗引》：

轼年十二，先君自虔州归，谓予言："近城山中天竺寺，有乐天亲书诗云：'一山门作两山门，两寺原从一寺分。东涧水流西涧水，南山云起北山云。前台花发后台见，上界钟鸣下界闻。遥想吾师行道处，天香桂子落纷纷。'笔势奇逸，墨迹如新。"今四十七年，予来访之，则诗已亡，有刻石在耳。感涕不已，而作是诗。

又《赠上天竺辨才禅师》诗：

南北一山门，上下两天竺。中有老法师，瘦长如鹳鹄。
不知修何行，碧眼照山谷。见之自清凉，洗尽烦恼毒。
坐令一都会，方丈礼白足。我有长头儿，角颊峙犀玉。
四岁不知行，抱负烦背腹。师来为摩顶，起走趁奔鹿。
乃知戒律中，妙用谢羁束。何必言法华，佯狂啖鱼肉。

张岱《天竺柱对》：

佛亦爱临安，法像自北朝留住；

山皆学灵鹫，洛伽从南海飞来。

[译文]

上天竺寺，在晋朝天福年间，道翊和尚在这里盖了一间草房。有一天傍晚时分，他看到屋前的山涧里发出一道微弱的光。俯身去看时，发现一块奇特的木头，道翊用木头刻成了观音菩萨的像。后汉乾祐年间，有一个法号叫从勋的和尚从洛阳带来了古佛的舍利子，并将之放在观音菩萨像的上面，菩萨的法像庄重威严，端正美好，白天都散发出白色的光芒，官民都很崇敬信服。钱武肃王钱镠曾经梦到一个穿白色衣服的人请求修缮居处，钱镠醒来有了感触，于是就建造了天竺观音看经院。宋代咸平年间，浙江西部大旱持续了很长时间，郡守张去华带领属下准备了幡幢华盖，去迎请观音菩萨下山，后来果然天降大雨。自此以后只要百姓祈祷就会灵验，而遇到滂沱大雨不停地下的时候，世人传说是烂稻龙王的原因。宋朝南渡时，施舍来的珍奇异宝，有日月珠、鬼谷珠、猫眼等，即使是在皇宫大内也很少见到。嘉祐年间，沈文通担任郡守，说观音菩萨用言语宣扬佛理，和禅定不同，于是以教化取代禅悟，并让号为辨才的元净和尚主持这件事。他开山建造屋舍，几乎用了上万块基石。治平年间，郡守蔡襄上奏请求赐给“灵感观音”的匾额。辨才于是开凿了更多的山，开辟了二十五寻的土地，大殿新加了两层屋檐。建炎四年时，兀术完颜宗弼来到天竺寺，看到观音像非常喜欢，于是装到随从的车辆上，和《大藏经》一起运到金国。当时有个叫知完的比丘，率领徒众跟去。到了燕地，在离都城西南方五里一个叫玉河乡的地方住了下来，建造寺庙供奉观音菩萨的木像。天竺寺的僧人重新用别的木头雕刻了观音菩萨像，并假称“原先藏在了井里，现在才出来”，其实已经不是先前的那座观音菩萨像了。乾道三年时，建造了十六观堂，乾道七年时，把院改成寺，门匾都是皇帝亲笔题写。庆元三年时，改称为天台教寺。元朝至元三年遭到毁坏。至元五年时，庆思和尚重新修建，仍改称为天竺教寺。元朝末年再被毁掉。明代洪武初年重新修建，万历二十七年又重新修缮。崇祯末年又遭到破坏，清朝初年又重建。当时普陀的路被阻断，天下进香的人都就近到天竺寺进香，香火繁盛，当是江南第一。二月十九日是观音菩萨的生日，在山上留宿的人很多，以至于大殿内外都无法下脚，和南海的潮音寺正相当。

张京元的《上天竺小记》中说：

天竺寺被夹在两山中间，山岩环绕，像是迷宫一样。山上岩石都瘦削挺拔，石缝间长着很多松树和竹子。经过下天竺寺时，院里的僧人敲钟迎接客人，但寺院荒凉落寞不堪入内。中竺寺也和它一样。到了上天竺寺，群山环抱，风气非常稳固，看上去幽深有致。

萧士玮的《上天竺小记》中说：

上天竺寺，四面重峦叠嶂，中间忽然现出一块平坦空旷的土地，转着看了一圈，惊异地发现找不到回去的路。我知道来到这里却不知道是怎么来的。从天竺寺走到龙井，曲折的山涧与茂密的丛林到处都是。一片云、神运石，风格气韵雄健飘逸，神明显现。能选到这样的好石头，就像娶到了庄姜一样的好妻子。泉水呈深蓝色，味道爽淡而悠远，和别处的泉完全不同。

苏轼的《记天竺诗引》中说：

我十二岁的时候，先父从虔州回来，对我说："靠近城中的山上有座天竺寺，寺里有白居易亲笔写的诗：'一山门作两山门，两寺原从一寺分。东涧水流西涧水，南山云起北山云。前台花发后台见，上界钟鸣下界闻。遥想吾师行道处，天香桂子落纷纷。'笔势奇特飘逸，墨迹就像新的一样。"现在已经过了四十七年了，我前来寻访乐天的书迹，而诗早已亡失了，仅有刻石在那里。感伤不已，于是写了这首诗。

又《赠上天竺辨才禅师》诗：

南北一山门，上下两天竺。中有老法师，瘦长如鹳鹄。
不知修何行，碧眼照山谷。见之自清凉，洗尽烦恼毒。
坐令一都会，方丈礼白足。我有长头儿，角颊峙犀玉。
四岁不知行，抱负烦背腹。师来为摩顶，起走趁奔鹿。
乃知戒律中，妙用谢羁束。何必言法华，佯狂啖鱼肉。

张岱《天竺柱对》：

佛亦爱临安，法像自北朝留住；
山皆学灵鹫，洛伽从南海飞来。

卷三　西湖中路

秦楼

秦楼初名水明楼，东坡建，常携朝云至此游览。壁上有三诗，为坡公手迹。过楼数百武，为镜湖楼，白乐天建。宋时宦杭者，行春则集柳洲亭，竞渡则集玉莲亭，登高则集天然图画阁，看雪则集孤山寺，寻常宴客则集镜湖楼。兵燹之后，其楼已废，变为民居。

苏轼《水明楼》诗：

黑云翻墨未遮山，白雨跳珠乱入船。
卷地风来忽吹散，望湖楼下水连天。

放生鱼鸟逐人来，无主荷花到处开。
水浪能令山俯仰，风帆似与月裴回。

未成大隐成中隐，可得长闲胜暂闲。
我本无家更焉往，故乡无此好湖山。

［译文］

秦楼最初的名字叫作水明楼，是苏轼所建造，他常常带着妾室朝云到这里游览。秦楼的墙壁上有三首诗，是苏轼的亲笔墨迹。走过秦楼数百步是镜湖楼，是白居易所建造。宋朝时在杭州做官的人，春游玩耍时就会聚集到柳洲亭，观看竞渡就聚集到玉莲亭，登高望远则会聚集到孤山寺，普通的宴请宾客就会聚集到镜湖楼来。战乱之后，这座楼就被废弃，变成了民居。

苏轼《水明楼》诗：

黑云翻墨未遮山，白雨跳珠乱入船。
卷地风来忽吹散，望湖楼下水连天。

放生鱼鸟逐人来，无主荷花到处开。
水浪能令山俯仰，风帆似与月裴回。

未成大隐成中隐，可得长闲胜暂闲。
我本无家更焉往，故乡无此好湖山。

片石居

由昭庆缘湖而西，为餐香阁，今名片石居。闳阁精庐，皆韵人别墅。其临湖一带，则酒楼茶馆，轩爽面湖，非惟心胸开涤，亦觉日月清朗。张谓“昼行不厌湖上山，夜坐不厌湖上月”，则尽之矣。再去则桃花港，其上为石函桥，唐刺史李邺侯所建，有水闸，泄湖水以入古荡。沿东西马塍、羊角埂，至归锦桥，凡四派焉。白乐天记云：“北有石函南有笕，决湖水一寸，可溉田五十余顷。”闸下皆石骨磷磷，出水甚急。

徐渭《八月十六片石居夜泛》词：

月倍此宵多，杨柳芙蓉夜色蹉。鸥鹭不眠如昼里，舟过，向前惊换几汀莎。　　筒酒觅稀荷，唱尽塘栖《白苎歌》。天为红妆重展镜，如磨，渐照胭脂奈褪何。

[译文]

从昭庆寺沿着西湖向西走，是餐香阁，现在的名字叫片石居。幽静的楼阁，精致的房舍，都是文人雅士的别墅。靠近西湖一带，则是酒楼茶馆，对着西湖，高大宽敞，即便心情并不大好，也可以让人觉得日清月朗。张谓的诗说“昼行不厌湖上山，夜坐不厌湖上月”，说尽了身处其中的滋味。再往前走是桃花港，桃花港的上面是石函桥，由唐代刺史李邺侯建造，这里还有水闸，可以把西湖的水排入古时的浅水湖。沿着东西两边的马塍、羊角埂，走到归锦桥，共有四个支流。白居易记载说：“北边有石函，南边有引水的竹管，排出一寸深的西湖水，可以灌溉五十多顷农田。”水闸下面的水中石头突立，排出的水流很急。

徐渭《八月十六片石居夜泛》词：

月倍此宵多，杨柳芙蓉夜色蹉。鸥鹭不眠如昼里，舟过，向前惊换几汀莎。　　筒酒觅稀荷，唱尽塘栖《白苎歌》。天为红妆重展镜，如磨，渐照胭脂奈褪何。

十锦塘

十锦塘一名孙堤，在断桥下。司礼太监孙隆于万历十七年修筑。堤阔二丈，遍植桃柳，一如苏堤。岁月既多，树皆合抱。行其下者，枝叶扶苏，漏下月光，碎如残雪。意向言断桥残雪，或言月影也。苏堤离城远，为清波孔道，行旅甚稀。孙堤直达西泠，车马游人，往来如织。兼以西湖光艳，十里荷香，如入山阴道上，使人应接不暇。湖船小者，可入里湖，大者缘堤倚徙，由锦带桥循至望湖亭，亭在十锦塘之尽。渐近孤山，湖面宽厂。孙东瀛修葺华丽，增筑露台，可风可月，兼可肆筵设席。笙歌剧戏，无日无之。今改作龙王堂，旁缀数楹，咽塞离披，旧景尽失。再去，则孙太监生祠，背山面湖，颇极壮丽。近为卢太监舍以供佛，改名卢舍庵，而以孙东瀛像置之佛龛之后。孙太监以数十万金钱装塑西湖，其功不在苏学士之下，乃使其遗像不得一见湖光山色，幽囚面壁，见之大为鲠闷。

袁宏道《断桥望湖亭小记》：

湖上由断桥至苏公堤一带，绿烟红雾，弥漫二十余里。歌吹为风，粉汗为雨，罗绔之盛，多于堤畔之柳，艳冶极矣。然杭人游湖，止午、未、申三时，其实湖光染翠之工，山岚设色之妙，全在朝日始出、夕春未下，始极其浓媚。月景尤为清艳，花态柳情，山容水意，别是一种趣味。此乐留与山僧游客受用，安可为俗士道哉！望湖亭即断桥一带，堤甚工致，比苏公堤犹美。夹道种绯桃、垂柳、芙蓉、山茶之属二十余种。堤边白石砌如玉，布地皆软沙如茵。杭人曰："此内使孙公所修饰也。"此公大是西湖功德主。自昭庆、天竺、净慈、龙井及山中庵院之属，所施不下数十万。余谓白、苏二公，西湖开山古佛，此公异日伽蓝也。腐儒，几败乃公事！可厌！可厌！

张京元《断桥小记》：

西湖之胜，在近；湖之易穷，亦在近。朝车暮舫，徒行缓步，人人可游，时时可游。而酒多于水，肉高于山，春时肩摩趾错，男女杂沓，以挨簇为乐。无论意不在山水，即桃容柳眼，自与东风相倚，游者何曾一着眸子也。

李流芳《断桥春望图题词》：

往时至湖上，从断桥一望，便魂消欲死。还谓所知，湖之潋滟熹微，大约如晨光之着树，明月之入庐。盖山水映发，他处即有澄波巨浸，不及也。壬子正月，以访旧重至湖上，辄独往断桥，裴回终日，翌日为杨谶西题扇云："十里西湖意，都来到断桥。寒生梅萼小，春入柳丝娇。乍见应疑梦，重来不待招。故人知我否，吟望正萧条。"又明日作此图。小春四月，同孟旸、子与夜话，题此。

谭元春《湖霜草序》：

予以已未九月五日至西湖，不寓楼阁，不舍庵刹，而以琴尊书札，托一小舟。而舟居之妙，在五善焉：舟人无酬答，一善也；昏晓不爽其候，二善也；访客登山，恣意所如，三善也；入断桥，出西泠，午眠夕兴，四善也；残客可避，时时移棹，五善也。挟此五善，以长于湖，僧上凫下，觞止茗生，篙楫因风，渔筊聚火。盖以朝山夕水，临涧对松，岸柳池莲，藏身接友，早放孤山，晚依宝石，足了吾生，足济吾事矣。

王叔杲《十锦塘》诗：

横截平湖十里天，锦桥春接六桥烟。

芳林花发霞千树，断岸光分月两川。
几度觞飞堤外景，一清棹发镜中船。
奇观妆点知谁力，应有歌声被管弦。

白居易《望湖楼》诗：

尽日湖亭卧，心闲事亦稀。起因残醉醒，坐待晚凉归。
松雨飘苏帽，江风透葛衣。柳堤行不厌，沙软絮霏霏。

徐渭《望湖亭》诗：

亭上望湖水，晶光澹不流。镜宽万影落，玉湛一矶浮。
寒入沙芦断，烟生野鹜投。若从湖上望，翻羡此亭幽。

张岱《西湖七月半记》：

西湖七月半，一无可看，止可看看七月半之人。看七月半之人，以五类看之：其一，楼船箫鼓，峨冠盛筵，灯火优傒，声光相乱，名为看月而实不见月者，看之；其一，亦船亦楼，名娃闺秀，携及童娈，笑啼杂之，环坐露台，左右盼望，身在月下而实不看月者，看之；其一，亦船亦声歌，名妓闲僧，浅斟低唱，弱管轻丝，竹肉相发，亦在月下，亦看月，而欲人看其看月者，看之；其一，不舟不车，不衫不帻，酒醉饭饱，呼群三五，跻入人丛，昭庆、断桥，嘄呼嘈杂，装假醉，唱无腔曲，月亦看，看月者亦看，不看月者亦看，而实无一看者，看之；其一，小船轻幌，净几暖炉，茶铛旋煮，素瓷静递，好友佳人，邀月同坐，或匿影树下，或逃嚣里湖，看月而人不见其看月之态，亦不作意看月者，看之。杭人游湖，巳出酉归，避月如避仇，是夕好名，逐队争出，多犒门军酒钱，轿夫擎燎，列俟岸上。一入舟，速舟子急放断桥，赶入胜会。以故二鼓以前，人声鼓吹，如沸如撼，如魇如呓，如聋如哑，大船小船一齐凑岸，一无所见，止见篙击篙，舟触舟，肩摩肩，面看面而已。少刻兴尽，官府席散，皂隶喝道去，轿夫叫，船上人怖以关门，灯笼火把如列星，一一簇拥而去。岸上人亦逐队赶门，渐稀渐薄，顷刻散尽矣。吾辈始舣舟近岸，断桥石磴始凉，席其上，呼客纵饮。此时，月如镜新磨，山复整妆，湖复颒面。向之浅斟低唱者出，匿影树下者亦出，吾辈往通声气，拉与同坐。韵友来，名妓至，杯箸安，竹肉发。月色苍凉，东方将白，客方散去。吾辈纵舟酣睡于十里荷花之中，香气扑人，清梦甚惬。

[译文]

十锦塘又叫作孙堤，位于断桥的下面。是司礼太监孙隆在万历十七年修筑。河堤有两丈宽，堤上遍地栽种着桃树和柳树，和苏堤一样。年代长了，树干都有合抱粗细。走在树的下面，枝叶繁茂浓密，漏下来的月光，就像细碎的残雪。我认为以前人说过的断桥残雪，或许说的就是月影吧。苏堤距离城中很远，是去往清波门的通道，过往的行人很少。孙堤直接通到西泠，车马游人，来来往往如同穿梭。再加上西湖的风光艳丽，十里荷花香，就像走进了山阴道，美不胜收，让人来不及细细观赏。较小的湖船可以划进里湖，大船则依着堤岸徘徊游动，从锦带桥巡行到望湖亭，望湖亭在孙堤的尽头。渐渐走近孤山，湖面变得宽阔敞亮起来。孙东瀛把孙堤修整得非常华丽，并增建了露台，可以临风赏月，也可以摆席宴饮。丝竹管乐，唱戏演剧，没有一天不在上演。现在改成了龙王堂，旁边挂着几副楹联，参差错杂，旧时的景观全都不见了。再往前走，是孙东瀛的生祠，背靠孤山面朝西湖，颇为壮观美丽。这个祠庙近来被卢太监用来供奉佛像，改名为卢舍庵，而把孙东瀛的塑像放在了佛龛的后面。孙东瀛耗费了几十万的金钱装点塑造西湖，他的功劳不比苏轼小，现在竟然使他的遗像不能得见一点湖光山色，就像囚禁犯人，使之面壁而坐，看见这种情景令人非常郁闷。

袁宏道的《断桥望湖亭小记》中说：

西湖从断桥到苏公堤一带，到处是绿烟红雾，弥漫了二十多里地。歌吹如风来，粉汗如雨下，穿华美衣服的富家子弟比堤边的柳树还要多，妖艳至极。但是杭州人来西湖游玩，只喜欢挑午、未、申三个时辰来，其实湖光山色相互映衬、色彩绝妙，都是在早上太阳初升、傍晚夕阳未落的时候，那时风景才是极其浓丽妩媚。月景尤其妙不可言，鲜花的姿态、柳树的风情、山的面容、水的意境，汇在一起别有一番趣味。这种乐趣只能留给山里的僧人和懂得欣赏的游客享用，哪里能跟那些凡夫俗子说道呢！望湖亭到断桥一带，堤岸非常精工雅致，比苏堤还要美丽。路两边种着绯桃、垂柳、芙蓉、山茶之类的植物二十多种。堤边的白石砌得像美玉一样，地上铺的细沙就像草垫子一样柔软。杭州人说："这是内史孙公修建装饰的。"孙公对于西湖来说确实有很大的功德。从昭庆寺、天竺寺、净慈寺、龙井及山中的庵堂院落等等，布施的金钱不下几十万。我说白乐天和苏东坡这二人是西湖的开山古佛，孙公算是今天西湖的伽蓝了。迂腐的儒生，差点坏了老子的好事！可厌！可厌！

张京元的《断桥小记》中说：

西湖的好处，在于近，湖景容易看完，也在于近。从早到晚，无论乘坐车船还是徒步慢走，人人都可以随时来游玩。游人到这里喝的酒比湖水还要多，吃的肉比山还要高，春天时节人来人往，摩肩接踵，男男女女，都以拥挤作为乐事。不论大家的心意是否在这湖光山色里，就是这桃花垂柳，随着东风吹荡，游人何曾看过一眼呢！

李流芳的《断桥春望图题词》中说：

往日来到西湖，从断桥上望一眼，便让人感觉入迷得要死。回去之后对朋友说，微光下水波荡漾，像晨光照在树上，明月照进房屋。山水交相辉映，别处即使有清波大河，也比不上这里的风光。壬子年正月，我因为拜访老朋友又来到了西湖，独自前往断桥，整天流连徘徊，第二天给杨谶西在扇面上题诗道："十里西湖意，都来到断桥。寒生梅萼小，春入柳丝娇。乍见应疑梦，重来不待招。故人知我否，吟望正萧条。"又过了一天画了这幅画。春天四月，和孟旸、子与晚上谈话，写下了这些文字。

谭元春的《湖霜草序》中说：

我在已未年的九月五日来到西湖，没有投宿旅店，也没借住在寺院里，而是带着琴、酒和书，找了一只小船住了下来。住在船上有五个好处。一是船夫没有应酬；二是早晚做什么都不会有违晨昏时候；三是访友登山，可随性而往；四是进入断桥，从西泠出来，午觉睡到傍晚才起来；五是能避开不想见的客人，可随时出发游玩。有这五个妙处，可以长久地待在西湖上。船上有僧人，船下有野鸭，喝酒饮茶，乘着风划船，停船则一起吃饭。早晚在这湖山之间，临着山涧面对松树，欣赏岸边的柳树和池中的莲花，藏身会友，早上去孤山，晚上到宝石山，足以了却我这一生，完成我的志业。

王叔杲《十锦塘》诗：

横截平湖十里天，锦桥春接六桥烟。
芳林花发霞千树，断岸光分月两川。
几度觞飞堤外景，一清棹发镜中船。
奇观妆点知谁力，应有歌声被管弦。

白居易《望湖楼》诗：

尽日湖亭卧，心闲事亦稀。起因残醉醒，坐待晚凉归。
松雨飘苏帽，江风透葛衣。柳堤行不厌，沙软絮霏霏。

徐渭《望湖亭》诗：

亭上望湖水，晶光澹不流。镜宽万影落，玉湛一矶浮。
寒入沙芦断，烟生野鹜投。若从湖上望，翻羡此亭幽。

张岱的《西湖七月半记》中说：

西湖到了七月半的时候，就没有任何可看的东西，只可看看那些看七月半的游人。看七月半的游人，可以分为五类：其中一类，坐在高大的楼船上，吹箫击鼓，戴着高冠，穿着华美的衣服，摆席设宴，灯火明亮，优伶、仆从相随，乐声与灯光相交杂，名义上是来赏月，实际上却看不见月亮，可以看看他们。一类是也坐在船上，船上也有楼饰，名门闺秀，带着漂亮的小童，嬉笑啼哭交杂，围着露台坐在一起，左顾右盼，身在月亮下面而实际上根本不看月亮的，可以看看他们。一类是也坐着船，船上也有音乐和歌声，和名妓抑或是闲散的僧人坐在一起，他们慢慢喝酒，低声歌唱，管弦轻缓，丝竹声和歌声相和，也身在月亮下，也看月亮，但又希望别人看到他们在欣赏月色，这样的人，可以看看。一类是既不坐船也不乘车，不穿长衫不戴头巾，酒足饭饱，三五成群，挤到人群中，在昭庆寺、断桥一带大声喧闹，假装喝醉，唱着不着调的曲子，也看月亮，也看看月亮的人，还看不看月亮的人，但实际上什么也不看，可以看看他们。一类是乘着小船，挂着轻薄的帷幔，茶几洁净、茶炉温热，烧水煮茶，白色的茶碗无声地传递，好朋友、美佳人，邀请月亮同坐，有时把船停在树影下，有时避开喧闹划到里湖，他们看月，但人们看不到他们看月的样子，他们也不刻意看月，这类人，可以看看他们。杭州人游西湖，巳时出门，酉时回来，像躲避仇人一样避开月亮，这天晚上，人们往往喜欢冒着赏月的名义，成群结队地争相出城赏月，多给看守城门的人赏些酒钱，轿夫举着火把，在岸上排队等候。一上船，就催着船家迅速把船划到断桥，好赶上那里的盛会。所以在二更以前，西湖上的人声和音乐声，就像开水沸腾、大地摇动，像是梦魇呓语，如聋如哑。大船小船一齐靠岸，什么景致都看不见，只看到船篙击打船篙，船接着船，人们肩并着肩，脸对着脸罢了。过了一会儿，玩得兴尽了，官府摆的筵席散了，差役吆喝着开道离去，轿夫呼喊着，船上的人害怕城门马上就要关上了。灯笼火把像天上繁星一般排开，人们一一簇拥着离开。岸上的人也成群结队地赶往城门，西湖的人渐渐变少了，不一会儿就全走完了。这时，我们才划船靠近堤岸，断桥的石阶开始凉下来，我们坐在上面，招呼客人纵情畅饮。此刻的月亮就像刚刚磨过的铜镜，山峦重新整理了妆容，湖水重新梳洗了面孔。先前慢慢喝着酒低声歌唱的人出来了，藏在树荫下的人也出来了，我们上前去和他们打招呼，拉来同席而坐。有才气的文友来了，有名的歌妓也到了，酒杯、筷子都已放置妥当，乐声、歌声也开始兴起。一直到月色苍凉，东方将要微白时，客人才散去。我们把船放在十里荷花之中畅快地入睡，花的香气扑面而来，非常惬意地做着好梦。

孤山

《水经注》曰：水黑曰卢，不流曰奴；山不连陵曰孤。梅花屿介于两湖之间，四面岩峦，一无所丽，故曰孤也。是地水望澄明，皦焉冲照，亭观绣峙，两湖反景，若三山之倒水下。山麓多梅，为林和靖放鹤之地。林逋隐居孤山，宋真宗征之不就，赐号和靖处士。常畜双鹤，豢之樊中。逋每泛小艇，游湖中诸寺，有客来，童子开樊放鹤，纵入云霄，盘旋良久，逋必棹艇遄归，盖以鹤起为客至之验也。临终留绝句曰："湖外青山对结庐，坟前修竹亦萧疏。茂陵他日求遗稿，犹喜曾无封禅书。"绍兴十六年，建四圣延祥观，尽徙诸院刹及士民之墓，独逋墓诏留之，弗徙。至元，杨连真伽发其墓，唯端砚一、玉簪一。明成化十年，郡守李瑞修复之。天启间，有王道士欲于此地种梅千树。云间张侗初太史补《孤山种梅序》。

袁宏道《孤山小记》：

孤山处士，妻梅子鹤，是世间第一种便宜人。我辈只为有了妻子，便惹许多俗事，撇之不得，傍之可厌，如衣败絮行荆棘中，步步牵挂。近日雷峰下有虞僧儒，亦无妻室，殆是孤山后身。所著《溪上落花诗》，虽不知于和靖如何，然一夜得百五十首，可谓迅捷之极。至于食淡参禅，则又加孤山一等矣，何代无奇人哉！

张京元《孤山小记》：

孤山东麓，有亭翼然。和靖故址，今悉编篱插棘。诸巨家规种桑养鱼之利，然亦赖其稍葺亭榭，点缀山容。楚人之弓，何问官与民也。

又《萧照画壁》：

西湖凉堂，绍兴间所构。高宗将临观之。有素壁四堵，高二丈，中贵人促萧照往绘山水。照受命，即乞尚方酒四斗，夜出孤山，每一鼓即饮一斗，尽一斗则一堵已成，而照亦沉醉。上至，览之叹赏，宣赐金帛。

沈守正《孤山种梅疏》：

西湖之上，葱蒨亲人，亦爽朗易尽。独孤山盘郁重湖之间，水石草木皆有幽色。唐时楼阁参差，诗歌点缀，冠于两湖。读“不雨山常润，无云水自阴”之句，犹可想见当时。道孤山者，不径西泠，必沿湖水，不似今从望湖折阛阓而入也。此地尚有古梅偃蹇，云是和靖故居。

李流芳《题孤山夜月图》：

曾与印持诸兄弟醉后泛小艇，从孤山而归。时月初上新堤，柳枝皆倒影湖中，空明摩荡，如镜中，复如画中。久怀此胸臆，壬子在小筑，忽为孟旸写出，真画中矣。

苏轼《书林逋诗后》：

吴侬生长湖山曲，呼吸湖光饮山渌。
不论世外隐君子，佣儿贩妇皆冰玉。
先生可是绝俗人，神清骨冷无由俗。
我不识见曾梦见，瞳子瞭然光可烛。
遗篇妙字处处有，步绕西湖看不足。
诗如东野不言寒，书似西台差少肉。
平生高节已难继，将死微言犹可录。
自言不作封禅书，更肯悲吟白头曲。
我笑吴人不好事，好作祠堂傍修竹。
不然配食水仙王，一盏寒泉荐秋菊。

张祜《孤山》诗：

楼台耸碧岑，一径入湖心。不雨山常润，无云水自阴。
断桥荒藓合，空院落花深。犹忆西窗月，钟声出北林。

徐渭《孤山玩月》诗：

湖水澹秋空，练色澄初静。倚棹激中流，幽然适吾性。
举酒忽见月，光与波相映。西子拂淡妆，遥岚挂孤镜。
座客本玉姿，照耀几筵莹。暇时吐高怀，四座尽倾听。
却言处士疏，徒抱梅花咏。如以径寸鱼，蹄涔即成泳。
论久兴弥洽，返棹堤逾迥。自顾纵清谈，何嫌麈麈柄。

卓敬《孤山种梅》诗：

风流东阁题诗客，潇洒西湖处士家。
雪冷江深无梦到，自锄明月种梅花。

王穉登《赠林纯卿卜居孤山》诗：

藏书湖上屋三间，松映轩窗竹映关。
引鹤过桥看雪去，送僧归寺带云还。
轻红荔子家千里，疏影梅花水一湾。
和靖高风今已远，后人犹得住孤山。

陈鹤《题孤山林隐君祠》诗：

孤山春欲半，犹及见梅花。笑踏王孙草，闲寻处士家。
尘心莹水镜，野服映山霞。岩壑长如此，荣名岂足夸。

王思任《孤山》诗：

淡水浓山画里开，无船不署好楼台。
春当花月人如戏，烟入湖灯声乱催。
万事贤愚同一醉，百年修短未须哀。
只怜逋老栖孤鹤，寂寞寒篱几树梅。

张岱《补孤山种梅叙》：

盖闻地有高人，品格与山川并重；亭遗古迹，梅花与姓氏俱香。名流虽以代迁，胜事自须人补。在昔西泠逸老，高洁韵同秋水，孤清操比寒梅。疏影横斜，远映西湖清浅；暗香浮动，长陪夜月黄昏。今乃人去山空，依然水流花放。瑶葩洒雪，乱飘冢上苔痕；玉树迷烟，恍堕林间鹤羽。兹来韵友，欲步前贤，补种千梅，重修孤屿。凌寒三友，早连九里松篁；破腊一枝，远谢六桥桃柳。伫想水边半树，点缀冰花；待将雪后横枝，低昂铁干。美人来自林下，高士卧于山中。白石苍崖，拟筑草亭招放鹤；浓山淡水，闲锄明月种梅花。有志竟成，无约不践。将与罗浮争艳，还期庾岭分香。实为林处士之功臣，亦是苏长公之胜友。吾辈常劳梦想，应有宿缘。哦曲江诗（曲江张九龄有《庭梅吟》），便见孤芳风韵；读《广平赋》，尚思铁石心肠。共策灞水之驴，且向断桥踏雪；遥瞻漆园之蝶，群来林墓寻梅。莫负佳期，用追芳躅。

张岱《林和靖墓柱铭》：

云出无心，谁放林间双鹤；

月明有意，即思冢上孤梅。

［译文］

《水经注》中记载说：黑色的河流称为“卢”，被山环绕不能流动的水称为“奴”；山陵不相连属称为“孤”。梅花屿处于里湖和外湖之间，四周的山峦无依无靠，所以叫作“孤山”。这个地方的湖水清澈明净，明亮的阳光直射湖底，亭子的景观秀美，倒映在湖里，就像传说中的蓬莱、方丈与瀛洲三座仙山倒着长在水中。山麓上有很多梅树，是林和靖放鹤的地方。林逋在孤山隐居，宋真宗征召他做官，他拒不赴任，就给他赐号为“和靖处士”。林逋常年养着两只鹤，关在笼子里。他常常划着小船到湖中的各个寺庙游玩，家中来客人来访时，童仆就打开笼子把鹤放出来，飞入云霄，在空中盘桓很长时间，林逋看到后就马上掉转船头回家，大概就是把白鹤升空作为客人来访的信号。林逋临终时留下一首绝句诗：“湖外青山对结庐，坟前修竹亦萧疏。茂陵他日求遗稿，犹喜曾无封禅书。”绍兴十六年，修建四圣延祥观，朝廷下令把诸座寺院和百姓的坟墓全部迁往别处，只有林逋的墓因为皇帝的特诏留下来没有迁移。到了元代，杨连真伽挖开了林逋的墓，里面只有一台端砚和一个玉簪。明朝成化十年时，郡守李瑞修复了林逋的坟墓。明朝天启年间，有个姓王的道士想在这里种上一千棵梅树。云间人张侗初太史补写了《孤山种梅序》。

袁宏道的《孤山小记》中说：

孤山处士林逋，把梅当作妻子，把鹤当作孩子，真是世间第一种不拘陈规的人。我等只因为有了妻子和孩子，便惹下很多俗事，撇也撇不掉，顺着又觉得麻烦，就像穿着破衣服走在荆棘之中，每走一步都有挂碍。近日，雷峰下有个叫虞僧儒的人，也没有老婆孩子，大概是林逋的后身吧。他撰著的《溪上落花诗》，虽然不知道与林逋相比怎么样，但是一晚上就能写出一百五十首，真可以说是写得快极了。至于吃得清淡又参禅悟道，则又比孤山高一等了，哪个年代没有奇人啊！

张京元写的《孤山小记》中说：

孤山东边的山脚下，有一座亭子，构造就像鸟展开翅膀一样。那儿是林和靖的旧居，现在那里都编着篱笆插着荆棘。几个大家族纷纷在那里种植桑树、养鱼来图利，但是也靠他们把亭台楼榭稍作了修葺，点缀了山景。正像是楚人把弓丢了，捡到弓的仍然是楚国人，还管他是官是民呢？

另外张京元的《萧照画壁》中说：

西湖凉堂，是绍兴年间修建的。宋高宗将要亲临参观凉堂。有四堵两丈高的白色墙壁，宫中的太监催促萧照前去往壁上作山水画。萧照接受委托之后，马上要了四斗尚方酒，晚上从孤山出来，每打一更鼓就喝一斗酒，喝完一斗酒就画好一堵墙的画，萧照也因此喝得大醉。高宗到后，看完画感叹激赏，就下令给萧照赏赐金帛。

沈守正的《孤山种梅疏》中说：

西湖边上，草木青翠茂盛，让人不觉亲近，天气明朗，空气流畅，令人舒畅。只有孤山盘曲郁结在两湖中间，水石草木都得幽深之色。唐代时这里的楼阁错落有致，留下的诗句点缀其间，在两湖中的景观里堪称第一。读“不雨山常润，无云水自阴”的诗句，仍然可以想见当时的情景。前往孤山，不走西泠，一定会沿着湖水前行，不像现在是从望湖折回街市然后再进入孤山。这里尚且还有高耸的古梅，有人说是林和靖的旧居。

李流芳《题孤山夜月图》：

我曾经和印持诸位兄弟在酒后划着小船，从孤山返回。当时月亮刚升上新堤，柳枝都倒映在湖水之中，湖水空灵明澈、摩擦震荡，像是在镜子里，又像是在画中。我内心深处早就有这样的想法。壬子年我在小筑，忽然为孟旸写了出来，真是在画中啊。

苏轼《书林逋诗后》：

吴侬生长湖山曲，呼吸湖光饮山渌。
不论世外隐君子，佣儿贩妇皆冰玉。
先生可是绝俗人，神清骨冷无由俗。
我不识见曾梦见，瞳子瞭然光可烛。
遗篇妙字处处有，步绕西湖看不足。
诗如东野不言寒，书似西台差少肉。

平生高节已难继，将死微言犹可录。
自言不作封禅书，更肯悲吟白头曲。
我笑吴人不好事，好作祠堂傍修竹。
不然配食水仙王，一盏寒泉荐秋菊。

张祜《孤山》诗：

楼台耸碧岑，一径入湖心。不雨山常润，无云水自阴。
断桥荒藓合，空院落花深。犹忆西窗月，钟声出北林。

徐渭《孤山玩月》诗：

湖水澹秋空，练色澄初静。倚棹激中流，幽然适吾性。
举酒忽见月，光与波相映。西子拂淡妆，遥岚挂孤镜。
座客本玉姿，照耀几筵莹。暇时吐高怀，四座尽倾听。
却言处士疏，徒抱梅花咏。如以径寸鱼，蹄涔即成泳。
论久兴弥洽，返棹堤逾迥。自顾纵清谈，何嫌麈麈柄。

卓敬《孤山种梅》诗：

风流东阁题诗客，潇洒西湖处士家。
雪冷江深无梦到，自锄明月种梅花。

王稺登《赠林纯卿卜居孤山》诗：

藏书湖上屋三间，松映轩窗竹映关。
引鹤过桥看雪去，送僧归寺带云还。
轻红荔子家千里，疏影梅花水一湾。
和靖高风今已远，后人犹得住孤山。

陈鹤《题孤山林隐君祠》诗：

孤山春欲半，犹及见梅花。笑踏王孙草，闲寻处士家。
尘心莹水镜，野服映山霞。岩壑长如此，荣名岂足夸。

王思任《孤山》诗：

淡水浓山画里开，无船不署好楼台。
春当花月人如戏，烟入湖灯声乱催。
万事贤愚同一醉，百年修短未须哀。
只怜逋老栖孤鹤，寂寞寒篱几树梅。

张岱写的《补孤山种梅叙》中说：

听闻此处有高人，品格如山川一样高大厚重；亭子遗留有古代的痕迹，梅花和他的姓名一样散发香气。名士虽然会随着时代的变化而变迁，胜事自然是需要后人来接续的。往昔在西泠隐居终老，高洁的品性如同秋水，孤清的节操如同寒梅。疏影横斜，远远地映着西湖水的清浅；暗香浮动，长久陪伴着夜月和黄昏。现在人去山空，水依然流淌，梅花依然绽放。梅花飘落如同飞雪，落在墓冢的青苔上面。树木间烟雾缥缈，恍惚间就像是树林里白鹤的羽毛。现在有位文友想要步武林逋，在这里补种千棵梅树，重新修葺孤山。凌寒三友，早已经和九里松林相连接；一枝腊梅破蕊绽放，六桥的桃柳早已凋谢。站在水边，看到半树冰花点缀；等到雪后伸展枝条，低昂铁一般的枝干。月下的梅花如同美人从林间走来，雪中的梅花就像高士横卧在山间。在白石苍崖上，拟建草亭来放养白鹤；在浓山淡水中，举起锄头栽种梅花。有志者事竟成，言出必果。栽种的梅花将和罗浮以及庾岭的梅花争艳分香。他确实是林逋的功臣、苏轼的良友。我辈常为了梦想奔走，应该是有前定的因缘。吟诵张九龄的《庭梅吟》，便能看到梅花的风韵。读《广平赋》，还能想到宋璟的铁石心肠。一起骑上灞水之驴，前去断桥踏雪；遥看庄子的漆园蝶，成群飞到林逋墓前寻访梅花。不要辜负如梦佳期，去追寻前代贤人的旧迹吧。

张岱《林和靖墓柱铭》：

云出无心，谁放林间双鹤；

月明有意，即思冢上孤梅。

关王庙

北山两关王庙。其近岳坟者，万历十五年为杭民施如忠所建。如忠客燕，涉潞河，飓风作，舟将覆，恍惚见王率诸河神拯救获免，归即造庙祝之，并祀诸河神。冢宰张瀚记之。其近孤山者，旧祠卑隘。万历四十二年，金中丞为导首鼎新之。太史董其昌手书碑石记之，其词曰："西湖列刹相望，梵宫之外，其合于祭法者，岳鄂王、于少保与关神而三尔。甲寅秋，神宗皇帝梦感圣母中夜传诏，封神为伏魔帝君，易兜鍪而衮冕，易大纛而九斿。五帝同尊，万灵受职。视操、懿、莽、温偶奸大物，生称贼臣，死堕下鬼，何啻天渊。顾旧祠湫隘，不称诏书播告之意。金中丞父子爰议鼎新，时维导首，得孤山寺旧址，度材垒土，勒墙墉，庄像设，先后三载而落成。中丞以余实倡议，属余记之。余考孤山寺，且名永福寺。唐长庆四年，有僧刻《法华》于石壁。会元微之以守越州，道出杭，而杭守白乐天为作记。有九诸侯率钱助工，其盛如此。成毁有数，金石可磨，越数百年而祠帝君。以释典言之，则旧寺非所谓现天大将军身，而今祠非所谓现帝释身者耶。至人舍其生而生在，杀其身而身存。孔曰成仁，孟曰取义，与《法华》一大事之旨何异也。彼谓忠臣义士犹待坐蒲团、修观行而后了生死者，妄矣。然则石壁岿然，而石经初未泐也。顷者四川歼叛，神为助力，事达宸聪，非同语怪。惟辽西黠卤，尚缓天诛，帝君能报曹而有不报神宗者乎？左挟鄂王，右挟少保，驱雷部，掷火铃，昭陵之铁马嘶风，蒋庙之塑兵濡露，谅荡魔皆如蜀道矣。先是，金中丞抚闽，藉神之告，屡歼倭夷，上功盟府，故建祠之费，视众差钜，盖有夙意云。”寺中规制精雅，庙貌庄严，兼之碑碣清华，柱联工确，一以文理为之，较之施庙，其雅俗真隔霄壤。

董其昌《孤山关王庙柱铭》：

忠能择主，鼎足分汉室君臣；
德必有邻，把臂呼岳家父子。

宋兆禴《关帝庙柱联》：

从真英雄起家，直参圣贤之位；
以大将军得度，再现帝王之身。

张岱《关帝庙柱对》：

统系让偏安，当代天王归汉室；
春秋明大义，后来夫子属关公。

[译文]

北山有两处关王庙。靠近岳坟的那一座，是在万历十五年由杭州的布衣施如忠修建。施如忠到燕地旅行时，渡过潞河，狂风大作，船将要被刮翻，恍惚间看到关王率领诸位河神前来相救才免于不幸，回来后就修造祠庙祷告关王，并祭祀诸位河神。冢宰张瀚记录了这件事。接近孤山的这一座，原先的祠堂低矮狭小，万历四十二年金中丞带头翻新了它。太史董其昌亲自书写碑文记录了这件事。碑文中写道："西湖众多寺院，佛寺以外，合于祭法的，只有岳鄂王、于少保和关神三个人而已。甲寅年的秋天，明神宗皇帝梦中看到圣母在半夜传下诏书，封关神为伏魔帝君，把头盔换成了冠冕衮服，把战旗换成了有九条丝织垂饰的旌旗。五帝共同尊奉，天地生灵听命。把曹操、司马懿、王莽、桓温看作奸人，活着时称之为贼臣，死后打入地狱，这何止天渊之别啊！看到原来的祠堂低矮狭小，和皇帝诏书的旨意不相称，金中丞父子于是提议建造新祠，当时带头寻得孤山寺的旧址，测量木材、翻土盖墙，安置塑像，先后历经三年才建好。中丞因为是我先提出了建议，就嘱咐我记录这件事。我考察史书知道，孤山寺又叫作永福寺。唐朝长庆四年时，有僧人在石壁上凿刻了《法华经》。恰逢元稹担任越州太守，经过杭州，杭州太守白居易为他写了一篇记文。有九位诸侯牵头捐钱资助工程，它的盛况就是这样。成败自有定数，金石可以打磨，过了几百年的时间，孤山寺成了帝君的祠堂。用佛经的话说，原先的寺庙不是所说的天大将军现身，今天的祠堂也不是所谓的帝释显灵。至人舍弃生命而生命依然存在，杀其身体而身体长存。孔子说成仁，孟子说取义，和《法华经》讲生死为人之大事没有什么不同。他们说忠臣义士尚且得等坐蒲团、修观行之后才能了却生死，太过虚妄。然而石壁仍岿然不动，墙壁上的经文也并没有开裂。近来四川叛军被击溃，是得到了神灵的帮助，这个说法也被皇帝听闻，这和谈论怪异之事不同。只有辽西黠卤尚未消灭，帝君能报答曹操就不能报答神宗皇帝吗？左边倚仗着岳鄂王，右边倚仗着于少保，驱使雷部，投掷火铃，唐太宗昭陵的铁马迎风嘶叫，蒋庙的士兵塑像被雨露沾湿，谅荡魔都像来到蜀道一样行进艰难。在此之前，金中丞在闽地做巡抚，借着神灵的告示，屡次歼灭倭寇，盟府记功，所以建祠的费用，看着和一般人有巨大差距，大概是他一直以来的夙愿吧。”寺中规模形制精工雅致，庙宇神像庄重严整，再加上碑碣清秀华美，柱联工整恰当，都很有条理，较之于施公庙，它们的雅俗真有天壤之别。

董其昌《孤山关王庙柱铭》：

忠能择主，鼎足分汉室君臣；
德必有邻，把臂呼岳家父子。

宋兆禴《关帝庙柱联》：

从真英雄起家，直参圣贤之位；
以大将军得度，再现帝王之身。

张岱《关帝庙柱对》：

统系让偏安，当代天王归汉室；
春秋明大义，后来夫子属关公。

苏小小墓

苏小小者，南齐时钱塘名妓也。貌绝青楼，才空士类，当时莫不艳称。以年少早卒，葬于西泠之坞，芳魂不殁，往往花间出现。宋时有司马槱者，字才仲，在洛下梦一美人搴帷而歌，问其名，曰:“西陵苏小小也。”问歌何曲？曰:“《黄金缕》。”后五年，才仲以东坡荐举，为秦少章幕下官，因道其事。少章异之，曰:“苏小之墓，今在西泠，何不酹酒吊之。”才仲往寻其墓拜之。是夜，梦与同寝，曰:“妾愿酬矣。”自是幽昏三载，才仲亦卒于杭，葬小小墓侧。

西陵苏小小诗:

妾乘油壁车，郎跨青骢马。何处结同心，西陵松柏下。

又词:

妾本钱塘江上住，花落花开，不管流年度。燕子衔将春色去，纱窗几阵黄梅雨。　　斜插玉梳云半吐，檀板轻敲，唱彻《黄金缕》。梦断彩云无觅处，夜凉明月生南浦。

李贺《苏小小》诗:

幽兰露，如啼眼。无物结同心，烟花不堪剪。草如茵，松如盖。风为裳，水为珮。油壁车，久相待。冷翠烛，劳光彩。西陵下，风吹雨。

沈原理《苏小小歌》:

歌声引回波，舞衣散秋影。梦断别青楼，千秋香骨冷。青铜镜里双飞鸾，饥乌吊月啼勾栏。风吹野火火不灭，山妖笑入狐狸穴。西陵墓下钱塘潮，潮来潮去夕复朝。墓前杨柳不堪折，春风自绾同心结。

元遗山《题苏小像》：

槐荫庭院宜清昼，帘卷香风透。美人图画阿谁留，宣和名笔内家收。　　莺莺燕燕分飞后，粉浅梨花瘦。只除苏小不风流，斜插一枝萱草凤钗头。

徐渭《苏小小墓》诗：

一抔苏小是耶非，绣口花腮烂舞衣。
自古佳人难再得，从今比翼罢双飞。
薤边露眼啼痕浅，松下同心结带稀。
恨不颠狂如大阮，欠将一曲恸兵闺。

［译文］

苏小小是南齐时钱塘的名妓。姿色为青楼第一，才华冠绝读书人，当时无人不称道她的羡艳。她年少早亡，葬在西泠之坞。但是她的芳魂未消，常常在花间出没。宋朝时有个叫司马槱的人，字才仲，在洛阳时梦到一个美女掀起帷幕唱歌，问她的名字，回答说："我是西陵的苏小小。"问她唱的什么曲子？回答说："是《黄金缕》。"五年之后，司马槱受到苏轼的推荐，做秦观弟弟秦少章的幕僚，于是把当年梦到的事告诉了秦少章。秦少章感到怪异，对司马槱说："苏小小的墓现在就在西泠，你为何不去凭吊一下呢？"于是司马槱前往寻找苏小小的墓祭拜她。当天晚上，梦到和苏小小同寝，苏小小说："我愿意以身报答你。"从此，他和苏小小阴阳通婚三年，司马槱也在杭州去世，被埋葬在苏小小墓的旁边。

西陵苏小小诗：

妾乘油壁车，郎跨青骢马。何处结同心，西陵松柏下。

又词：

妾本钱塘江上住，花落花开，不管流年度。燕子衔将春色去，纱窗几阵黄梅雨。　　斜插玉梳云半吐，檀板轻敲，唱彻《黄金缕》。梦断彩云无觅处，夜凉明月生南浦。

李贺《苏小小》诗：

幽兰露，如啼眼。无物结同心，烟花不堪剪。草如茵，松如盖。风为裳，水为珮。油壁车，久相待。冷翠烛，劳光彩。西陵下，风吹雨。

沈原理《苏小小歌》：

歌声引回波，舞衣散秋影。梦断别青楼，千秋香骨冷。青铜镜里双飞鸾，饥乌吊月啼勾栏。风吹野火火不灭，山妖笑入狐狸穴。西陵墓下钱塘潮，潮来潮去夕复朝。墓前杨柳不堪折，春风自绾同心结。

元遗山《题苏小像》：

槐荫庭院宜清昼，帘卷香风透。美人图画阿谁留，都是宣和名笔内家收。　　莺莺燕燕分飞后，粉浅梨花瘦。只除苏小不风流，斜插一枝萱草凤钗头。

徐渭《苏小小墓》诗：

一抔苏小是耶非，绣口花腮烂舞衣。
自古佳人难再得，从今比翼罢双飞。
薤边露眼啼痕浅，松下同心结带稀。
恨不颠狂如大阮，欠将一曲恸兵闺。

陆宣公祠

孤山何以祠陆宣公也？盖自陆少保炳为世宗乳母之子，揽权怙宠，自谓系出宣公，创祠祀之。规制宏厂，吞吐湖山。台榭之盛，概湖无比。炳以势焰，孰有美产，即思攫夺。旁有故锦衣王佐别墅壮丽，其孽子不肖，炳乃罗织其罪，勒以献产。捕及其母，故佐妾也。对簿时，子强辩。母膝行前，道其子罪甚详。子泣，谓母忍陷其死也。母叱之曰："死即死，尚何说！"指炳座顾曰："而父坐此非一日，作此等事亦非一日，而生汝不肖子，天道也，汝死犹晚！"炳颊发赤，趣遣之出，弗终夺。炳物故，祠没入官，以名贤得不废。隆庆间，御史谢廷杰以其祠后增祀两浙名贤，益以严光、林逋、赵忭、王十朋、吕祖谦、张九成、杨简、宋濂、王琦、章懋、陈选。会稽进士陶允宜以其父陶大临自制牌版，令人匿之怀中，窃置其旁。时人笑其痴孝。

祁彪佳《陆宣公祠》诗：

东坡佩服宣公疏，俎豆西泠蘋藻香。

泉石苍凉存意气，山川开涤见文章。
画工界画增金碧，庙貌巍峨见裔皇。
陆炳湖头夸势焰，崇韬乃敢认汾阳。

[译文]

为什么会在孤山祭祀陆宣公呢？大概是因为少保陆炳是明世宗乳母的儿子，揽持权力，倚仗恩宠，说自己是陆宣公的后代，于是修建祠庙祭祀陆宣公。陆宣公的祠庙规模形制恢弘宽绰，吞吐湖山。盛多的亭台楼榭，整个西湖的祠庙都无法与之相比。陆炳倚仗权势，气焰嚣张，看到谁家有好的田产，都思量着夺取过来。旁边有死去的锦衣卫王佐的别墅，壮观华美，王佐的儿子不才，陆炳于是罗织罪名，勒索他献出房产。陆炳抓捕了他的母亲，也就是王佐的小妾。公堂诉讼时，王佐的儿子强行辩解。他的母亲双腿跪着前行，详细地说出儿子的罪状。儿子痛哭，质问母亲为何狠心要置自己于死地。其母大声斥责道："死就死，还有什么好说的！"指着陆炳座位的方向，回头说："你父亲坐在这个位置上不是一天了，做这样的事也不是一天了，却生下你这个不肖子，这是天意，你就是死还嫌死晚了呢！"陆炳听后两颊发红，他赶忙把母子二人赶了出来，最终没有夺走王佐的别墅。陆炳去世后，陆宣公祠被收入官府，因为陆宣公的贤名而没有被废。明代隆庆年间，御史谢廷杰在祠庙后面增加了两浙名贤来共同享受祭祀，有严光、林逋、赵抃、王十朋、吕祖谦、张九成、杨简、宋濂、王琦、章懋、陈选等人。会稽进士陶允宜让人把他父亲陶大临自制的牌位揣到怀里，偷偷地放到这些人的旁边。当时人们都嘲笑陶允宜痴孝。

祁彪佳《陆宣公祠》诗：

东坡佩服宣公疏，俎豆西泠蘋藻香。
泉石苍凉存意气，山川开涤见文章。
画工界画增金碧，庙貌巍峨见裔皇。
陆炳湖头夸势焰，崇韬乃敢认汾阳。

六一泉

六一泉在孤山之南，一名竹阁，一名勤公讲堂。宋元祐六年，东坡先生与惠勤上人同哭欧阳公处也。勤上人讲堂初构，掘地得泉，东坡为作泉铭。以两人皆列欧公门下，此泉方出，适哭公讣，名以六一，犹见公也。其徒作石屋覆泉，且刻铭其上。南渡高宗为康王时，尝使金，夜行，见四巨人，执殳前驱。登位后，问方士，乃言紫薇垣有四大将，曰：天蓬、天猷、翊圣、真武。帝思报之，遂废竹阁，改延祥观，以祀四巨人。至元初，世祖又废观为帝师祠。泉没于二氏之居二百余年。元季兵火，泉眼复见，但石屋已圮，而泉铭亦为邻僧舁去。洪武初，有僧名行升者，锄荒涤垢，图复旧观。仍树石屋，且求泉铭，复于故处。乃欲建祠堂以奉祀东坡、勤上人，如参寥故事，力有未逮。教授徐一夔为作疏曰："睠兹胜地，实在名邦。勤上人于此幽栖，苏长公因之数至。迹分缁素，同登欧子之门；谊重死生，会哭孤山之下。惟精诚有感通之理，故山岳出迎劳之泉。名聿表于怀贤，忱式昭于荐菊。虽存古迹，必肇新祠。此举非为福田，实欲共成胜事。儒冠僧衲，请恢雅量以相成；山色湖光，行与高峰而共远。愿言乐助，毋诮滥竽。”

苏轼《六一泉铭》：

欧阳文忠公将老，自谓六一居士。予昔通守钱塘，别公于汝阴而南。公曰：“西湖僧惠勤，甚文而长于诗。吾昔为《山中乐》三章以赠之。子闲于民事，求人于湖山间而不可得，则往从勤乎？”予到官三日，访勤于孤山之下，抵掌而论人物，曰：“六一公，天人也。人见其暂寓人间，而不知其乘云驭风，历五岳而跨沧海也。此邦之人，以公不一来为恨。公麾斥八极，何所不至。虽江山之胜，莫适为主，而奇丽秀绝之气，常为能文者用。故吾以为西湖盖公几案间一物耳。”勤语虽怪幻，而理有实然者。明年公薨，予哭于勤舍。又十八年，予为钱塘守，则勤亦化去久矣。访其旧居，则弟子二仲在焉。画公与勤像，事之如生。舍下旧无泉，予未至数月，泉出讲堂之后，孤山之趾，汪然溢流，甚白而甘。即其地凿岩架石为室。二仲谓：“师闻公来，出泉以相劳苦，公可无言乎？”乃取勤旧语，推本其意，名之曰“六一泉”。且铭之曰：“泉之出也，去公数千里，后公之没十八年，而名之曰‘六一’，不几于诞乎？曰：君子之泽，岂独五世而已，盖得其人，则可至于百传。常试与子登孤山而望吴越，歌山中之乐而饮此水，则公之遗风余烈，亦或见于此泉也。”

白居易《竹阁》诗：

晚坐松檐下，宵眠竹阁间。清虚当服药，幽独抵归山。
巧未能胜拙，忙应不及闲。无劳事修炼，只此是玄关。

[译文]

六一泉在孤山的南边，又叫作竹阁，也叫作勤公讲堂。宋代元祐六年，苏轼和惠勤上人在这个地方一起哭泣祭奠欧阳修。惠勤上人刚开始在这里建造讲堂的时候，挖地时挖出一汪泉水，苏轼为他作了一篇泉铭。因为他们两人都是欧阳修门下，这汪泉水刚被挖出，正缝欧阳修去世，于是就把泉水命名为六一泉，见泉就如同见到了欧阳修一样。惠勤上人的徒弟们建造了石屋覆盖住泉水，并且在上面写刻了铭文。南渡的宋高宗还是做康王的时候，曾经出使金国，晚上赶路，看到四个巨人，拿着仪仗在前面开路。登基以后，就拿这件事问方士，方士说紫薇垣有四个大将，分别叫天蓬、天猷、翊圣、真武。高宗皇帝想着报答他们，于是就废掉竹阁，改建为延祥观，用来祭祀这四个巨人。元朝至元初年，元世祖又废弃了延祥观，改为帝师祠。六一泉在这两代消失了二百多年。元朝末年战火纷起，泉水又出现了，但是当年建造的石屋已经毁坏，泉边的铭文也被边上寺庙的和尚抬走了。明朝洪武初年，有一个叫行升的和尚，铲除荒草清洗污垢，想要恢复原来的样子。又建造了一座石屋，并到处寻求原来的泉铭，放到了原来的位置。之后他还想要建立祠堂来供奉苏轼和惠勤上人，比照参寥子的旧事，但是最终无力办成。徐一夔教授为他写了一篇疏文说：“回看这块宝地，确实是有名的地方。惠勤上人在此幽然栖居，苏东坡因此多次前来。虽然是僧俗两道，但都出自欧阳修的门下；友情超出生死，一块儿在孤山下同哭恩师。内心精诚可以感通神灵，所以大山涌出泉水宽慰他们。因怀念先贤而名声彰显，因祭祀先师而内心昭明。虽然存有古迹，但是一定要再造新的祠庙。做这件事并非是为了行善修德、享受福报，而实在是想要一起做成这件大事。儒释两道，请求恢弘雅量助成此事；湖光山色，高尚的德行和高峰一样会绵远久长。写作此文希望能有所帮助，不要受到无才的讥讽。”

苏轼的《六一泉铭》中说：

欧阳修年老的时候，自称为六一居士。我先前做钱塘的通判太守，在汝阴和欧阳修分别后往南行走。欧阳修说：“西湖边上的惠勤和尚很有文采并且擅长写诗。我曾经写作三章《山中乐》赠送给他。你如果政事闲暇，在湖山之间寻求不到同志好友，可以去寻访惠勤吗？”我到任三天，就到孤山下面去寻访惠勤，对坐交谈评论当世人物，说：“六一公欧阳修，真是神人啊。人们看到他在人间暂时寄居，却不知道他乘云驾风，飞过五岳跨过大海啊。这里的人，把欧阳修没来过这里当作遗憾。欧阳公气概非凡，指挥八方，哪里去不了呢？江山虽然优美，没有人能做主人，而那些奇丽秀绝之气，却常常能被写文章的人役使。所以我觉得西湖只不过是欧阳公书桌上的一个小物件罢了。”惠勤的话虽然奇怪虚幻，但是道理确实是这样的。第二年，欧阳修去世，我在惠勤的僧房哭泣哀悼。又过了十八年，我担任钱塘太守时，慧琴已经圆寂很长时间了。我去寻访他的故居，只看到他的弟子二仲在那里。于是画了欧阳修和惠勤的画像，像他们活着一样侍奉他们。我的官舍以前没有泉水，我到这里不到几个月，从讲堂后面流出一道泉水，在孤山的山脚下，汪然横流，泉水色白味甜。于是我到那里凿山架石造了一间房子。二仲说：“我的老师听说您来这里，涌出泉水来慰劳您的辛苦，您难道没话要说吗？”于是我用惠勤以前说的话，推断他的本意，把这口泉水命名为六一泉。并且写了一篇铭文：“涌出泉水的地方，距离欧阳修公几千里地，时间在欧阳修公去世后十八年，但是却把它命名为‘六一泉’，难道不是很荒诞吗？说：君子的恩泽，难道只能延续五代就结束了？只要能够得到合适的人，就可以传到百世之后。我曾经和您登上孤山远望吴越，歌颂山中生活的快乐而饮用了这的泉水，那么您留传的风教和事迹，也可能会在这眼泉水中显现出来吧。”

白居易《竹阁》诗：

晚坐松檐下，宵眠竹阁间。清虚当服药，幽独抵归山。
巧未能胜拙，忙应不及闲。无劳事修炼，只此是玄关。

葛岭

葛岭者，葛仙翁稚川修仙地也。仙翁名洪，号抱朴子，句容人也。从祖葛玄，学道得仙术，传其弟子郑隐。洪从隐学，尽得其秘，上党鲍玄妻以女。咸和初，司徒导招补主簿，干宝荐为大著作，皆固辞。闻交趾出丹砂，独求为勾漏令。行至广州，刺史郑岳留之，乃炼丹于罗浮山中。如是者积年。一日，遗书岳曰："当远游京师，克期便发。"岳得书，狼狈往别，而洪坐至日中，兀然若睡，卒年八十一。举尸入棺，轻如蝉蜕，世以为尸解仙去。智果寺西南为初阳台，在锦坞上，仙翁修炼于此。台下有投丹井，今在马氏园。宣德间大旱，马氏甃井得石匣一、石瓶四，匣固不可启，瓶中有丸药若芡实者，啖之，绝无气味，乃弃之。施渔翁独啖一枚，后年百有六岁。浚井后，水遂淤恶不可食，以石匣投之，清冽如故。

祁豸佳《葛岭》诗：

抱朴游仙去有年，如何姓氏至今传。
钓台千古高风在，汉鼎虽迁尚姓严。

勾漏灵砂世所稀，携来烹炼作刀圭。
若非渔子年登百，几使还丹变井泥。

平章甲第半湖边，日日笙歌入画船。
循州一去如烟散，葛岭依然还稚川。

葛岭孤山隔一丘，昔年放鹤此山头。
高飞莫出西山缺，岭外无人勿久留。

［译文］

葛岭，是葛稚川仙翁修仙的地方。仙翁名叫葛洪，号为抱朴子，是句容人。葛洪的从祖父葛玄，学道修成仙术，并把仙术传授给弟子郑隐。葛洪跟随郑隐学习，全部学到了其中的秘术。上党的鲍玄把女儿嫁给他做妻子。咸和初年时，司徒导招葛洪补任主簿的官职，干宝推荐他做著作郎的官职，他都坚决推辞了。听说交趾出产丹砂，他单单请求担任勾漏县令。走到广州的时候，刺史郑岳说服他留下，于是他就在罗浮山里炼丹。像这样过了很多年。有一天，他给郑岳留下一封信说：“我将要去京师远游，择日就会出发。”郑岳看到信，急忙前去和他告别，而葛洪在太阳下面坐着像昏然睡着了一样，葛洪去世这年八十一岁。人们抬着他的尸体放进棺木，他的身体轻盈得像蝉蜕一样，世人都认为他的肉身已经解脱去做神仙了。智果寺的西南方有初阳台，在锦坞上面，葛洪曾在这里修道炼丹。初阳台下面有一口投丹井，现在在马氏园里。宣德年间天气大旱，有一个姓马的人挖井的时候挖到一个石匣和四个石瓶。石匣坚固得无法打开。石瓶中有像芡实的药丸，他品尝了一下，一点气味也没有，于是就扔掉了。有个姓施的渔夫独自吃了一颗，后来活了一百零六岁。井挖通后，井水里有泥沙不能饮用，把石匣投到水里面，井水就变得像以前那样清澈了。

祁豸佳《葛岭》诗:

抱朴游仙去有年，如何姓氏至今传。
钓台千古高风在，汉鼎虽迁尚姓严。

勾漏灵砂世所稀，携来烹炼作刀圭。
若非渔子年登百，几使还丹变井泥。

平章甲第半湖边，日日笙歌入画船。
循州一去如烟散，葛岭依然还稚川。

葛岭孤山隔一丘，昔年放鹤此山头。
高飞莫出西山缺，岭外无人勿久留。

苏公堤

杭州有西湖，颍上亦有西湖，皆为名胜，而东坡连守二郡。

其初得颍，颍人曰："内翰只消游湖中，便可以了公事。"秦太虚因作一绝云："十里荷花菡萏初，我公身至有西湖。欲将公事湖中了，见说官闲事亦无。"后东坡到颍，有谢执政启云："入参两禁，每玷北扉之荣；出典二邦，迭为西湖之长。"故其在杭，请浚西湖，聚葑泥，筑长堤，自南之北，横截湖中，遂名苏公堤。夹植桃柳，中为六桥。南渡之后，鼓吹楼船，颇极华丽。后以湖水漱啮，堤渐凌夷。入明，成化以前，里湖尽为民业，六桥水流如线。正德三年，郡守杨孟瑛辟之，西抵北新堤为界，增益苏堤，高二丈，阔五丈三尺，增建里湖六桥，列种万柳，顿复旧观。久之，柳败而稀，堤亦就圮。嘉靖十二年，县令王钍令犯罪轻者，种桃柳为赎，红紫灿烂，错杂如锦。后以兵火，砍伐殆尽。万历二年，盐运使朱炳如复植杨柳，又复灿然。迨至崇祯初年，堤上树皆合抱，太守刘梦谦与士夫陈生甫辈时至。二月，作胜会于苏堤，城中括羊角灯、纱灯几万盏，遍挂桃柳树上，下以红毡铺地，冶童名妓，纵饮高歌，夜来万蜡齐烧，光明如昼。湖中遥望堤上万蜡，湖影倍之。箫管笙歌，沉沉昧旦。传之京师，太守镌级。因想东坡守杭之日，春时每遇休暇，必约客湖上，早食于山水佳处。饭毕，每客一舟，令队长一人，各领数妓，任其所之。晡后鸣锣集之，复会望湖亭或竹阁，极欢而罢。至一二鼓，夜市犹未散，列烛以归，城中士女夹道云集而观之。此真旷古风流，熙世乐事，不可复追也已。

张京元《苏堤小记》：

苏堤度六桥，堤两旁尽种桃柳，萧萧摇落。想二三月，柳叶桃花，游人阗塞，不若此时之为清胜。

李流芳《题两峰罢雾图》:

三桥龙王堂，望西湖诸山，颇尽其胜。烟林雾障，映带层叠；淡描浓抹，顷刻百态。非董、巨妙笔，不足以发其气韵。余在小筑时，呼小舟桨至堤上，纵步看山，领略最多，然动笔便不似。甚矣，气韵之难言也。予友程孟旸《湖上题画》诗云："风堤露塔欲分明，阁雨萦阴两未成。我试画君团扇上，船窗含墨信风行。"此景此诗，此人此画，俱属可想。癸丑八月清晖阁题。

苏轼《筑堤》诗:

六桥横截天汉上，北山始与南屏通。
忽惊二十五万丈，老葑席卷苍烟空。

昔日珠楼拥翠钿，女墙犹在草芊芊。
东风第六桥边柳，不见黄鹂见杜鹃。

又诗:

惠勤、惠思皆居孤山。苏子倅郡，以腊日访之，作诗云：
天欲雪时云满湖，楼台明灭山有无。
水清石出鱼可数，林深无人鸟相呼。
腊月不归对妻孥，名寻道人实自娱。
道人之居在何许，宝云山前路盘纡。
孤山孤绝谁肯庐，道人有道山不孤。
纸窗竹屋深自暖，拥褐坐睡依团蒲。
天寒路远愁仆夫，整驾催归及未晡。
出山回望云水合，但见野鹤盘浮屠。

兹游澹泊欢有余，到家恍如梦蘧蘧。

作诗火急追亡逋，清景一失后难摹。

王世贞《泛湖度六桥堤》诗：

拂幰莺啼出谷频，长堤夭矫跨苍旻。

六桥天阔争虹影，五马飙开散曲尘。

碧水乍摇如转盼，青山初沐竞舒颦。

莫轻杨柳无情思，谁是风流白舍人？

李鉴龙《西湖》诗：

花柳曾闻暗六桥，近来游舫甚萧条。

折残画阁堤边失，倒入山光波上摇。

秋水湖心眸一点，夜潭塔影黛双描。

兰亭感慨今移此，痴对雷峰话寂寥。

［译文］

杭州有西湖，颍上也有西湖，这两个西湖都是风景名胜，而苏轼也接连在这两个地方都担任过郡守。他刚担任颍上郡守的时候，颍上的人民说："苏东坡只要来湖中游览，就可以把公事办完。"秦观因此写了一首绝句说："十里荷花菡萏初，我公身至有西湖。欲将公事湖中了，见说官闲事亦无。"后来苏轼到了颍上后，在上奏给朝廷的谢表中写道："我入职翰林院，有辱翰林院的荣耀；外调主掌杭州、颍上，接连做了西湖的主事。"所以苏轼在杭州任上的时候，向朝廷请求疏浚西湖，他聚积葑泥，修筑长堤，从南到北，把西湖横断截开，于是被叫作苏公堤。堤岸两旁栽种桃树柳树，长堤中间修造了六座桥梁。宋朝南渡之后，西湖中楼船宴乐，非常华丽。后来因为湖水的冲刷侵蚀，堤岸逐渐塌坏。到了明代，在成化以前，里湖全成了百姓的产业，六桥的水流像丝线一样细。正德三年时，杭州太守杨孟瑛开拓了西湖，向西抵达北新堤，并以之作为边界，加高扩建了苏堤，高至两丈，宽至五丈三尺，在里湖又增建了六座桥梁，排着栽种了一万棵柳树，苏堤顿时就恢复了旧时的面貌。时间一长，柳树渐渐衰败，日渐稀少，堤岸也日趋坍塌。嘉靖十二年时，县令王釴命令罪行较轻的犯人栽种桃树柳树来赎罪，然后就变得姹紫嫣红，鲜艳灿烂，交互错杂如同锦缎。后来因为战乱，桃树柳树几乎快被砍完。万历二年，盐运使朱炳如又重新栽种了杨树柳树，苏堤又变得明艳鲜丽。到了崇祯初年，苏堤上的树都长得有两臂合抱那么粗了。太守刘梦谦跟文人陈生甫等人常到这里。到了二月，就会在苏堤举办盛会。从城中搜罗来几万盏羊角灯和纱灯，挂遍苏堤两岸的桃树和柳树，树下用红毡铺在地上，有美丽的少年和出名的歌妓，纵情欢饮高歌。晚上，把上万支蜡烛一起点燃，明亮得像白天一样。从湖中远看苏堤明亮的烛光，湖中的倒影加倍明亮。丝竹管弦的声音，直到将近天亮才会消歇。这些事传到京城，太守被降职。于是想起苏轼在杭州做太守的时候，春天每到休假的时候，一定会邀请几个朋友到西湖，在山水优美的地方吃早饭。吃完早饭，每位客人坐一只小船，船上有一个队长，各带领几个歌姬，任凭他们去湖上各处游玩。申时过后敲锣集合，再聚集望湖亭或竹阁，极尽欢愉才结束。到敲响一鼓、二鼓的时候，夜市还没有散场，他们就列队拿着烛火回去了。城里面的男女像云一样聚集起来观看他们。这真是空前的风雅，盛世的乐事，不能再见到了啊。

张京元的《苏堤小记》中说：

苏堤上有六座桥梁。堤岸两边栽种的都是桃树和柳树，花朵都萧瑟地凋落了。想着二三月的时候，柳叶舒展，桃花明艳，游人拥塞在苏堤之上，不像这个时候清静美好。

李流芳的《题两峰罢雾图》中说：

在苏堤第三座桥的龙王堂，远望西湖群山，湖山的胜景可以一览无余。树林烟雾缥缈，层层叠叠的景物相互映衬；浓妆淡抹，瞬间就有多种姿态。非画家董源、巨然的大笔，不能够画出这样的气韵。我住在西湖边小筑的时候，叫一小船划到堤上，信步去看山，最能领略山景的妙处。但是落笔写下来，却没有了那种味道。气韵用语言来表达，太难了。我的好友程孟旸写了一首《湖上题画》说："风堤露塔欲分明，阁雨萦阴两未成。我试画君团扇上，船窗含墨信风行。"此景此诗，此人此画，都可以想见。癸丑年八月题于清晖阁。

苏轼《筑堤》诗：

六桥横截天汉上，北山始与南屏通。
忽惊二十五万丈，老葑席卷苍烟空。

昔日珠楼拥翠钿，女墙犹在草芊芊。
东风第六桥边柳，不见黄鹂见杜鹃。

又诗：

惠勤、惠思都住在孤山。苏轼到杭州做官时，腊八节这天前来拜访他们，作诗一首：

天欲雪时云满湖，楼台明灭山有无。
水清石出鱼可数，林深无人鸟相呼。
腊月不归对妻孥，名寻道人实自娱。
道人之居在何许，宝云山前路盘纡。
孤山孤绝谁肯庐，道人有道山不孤。
纸窗竹屋深自暖，拥褐坐睡依团蒲。
天寒路远愁仆夫，整驾催归及未晡。
出山回望云水合，但见野鹤盘浮屠。
兹游澹泊欢有余，到家恍如梦蘧蘧。
作诗火急追亡逋，清景一失后难摹。

王世贞《泛湖度六桥堤》诗：

拂憾莺啼出谷频，长堤夭矫跨苍旻。
六桥天阔争虹影，五马飙开散曲尘。
碧水乍摇如转盼，青山初沐竞舒颦。
莫轻杨柳无情思，谁是风流白舍人？

李鉴龙《西湖》诗：

花柳曾闻暗六桥，近来游舫甚萧条。
折残画阁堤边失，倒入山光波上摇。
秋水湖心眸一点，夜潭塔影黛双描。
兰亭感慨今移此，痴对雷峰话寂寥。

湖心亭

湖心亭旧为湖心寺，湖中三塔，此其一也。明弘治间，按察司佥事阴子淑秉宪甚厉。寺僧怙镇守中官，杜门不纳官长。阴廉其奸事毁之，并去其塔。嘉靖三十一年，太守孙孟寻遗迹，建亭其上，露台亩许，周以石栏，湖山胜概，一览无遗。数年寻圮。万历四年，佥事徐廷祼重建。二十八年，司礼监孙东瀛改为清喜阁，金碧辉煌，规模壮丽，游人望之如海市蜃楼，烟云吞吐，恐滕王阁、岳阳楼俱无甚伟观也。春时，山景睺罗、书画骨董，盈砌盈阶，喧阗扰嚷，声息不辨。夜月登此，阒寂凄凉，如入鲛宫海藏，月光晶沁，水气滃之，人稀地僻，不可久留。

张京元《湖心亭小记》：

湖心亭，雄丽空阔，时晚照在山，倒射水面，新月挂东，所不满者半规，金盘玉饼，与夕阳彩翠重轮交网，不觉狂叫欲绝。恨亭中四字匾、隔句对联，填楣盈栋，安得借咸阳一炬了此业障。

张岱《湖心亭小记》：

崇祯五年十二月，余住西湖。大雪三日，湖中人鸟声俱绝。是日更定矣，余拏一小舟，拥毳衣炉火，独往湖心亭看雪。雾凇沆砀，天与云、与山、与水，上下一白。湖上影子，惟长堤一痕、湖心亭一点，与余舟一芥，舟中人两三粒而已。到亭上，有两人铺毡对坐，一童子烧酒，炉正沸。见余大惊喜，曰："湖中焉得更有此人！"拉余同饮。余强饮三大白而别。问其姓氏，是金陵人，客此。及下船，舟子喃喃曰："莫说相公痴，更有痴似相公者。"

胡来朝《湖心亭柱铭》：

四季笙歌，尚有穷民悲夜月；

六桥花柳，深无隙地种桑麻。

郑烨《湖心亭柱铭》：

亭立湖心，俨西子载扁舟，雅称雨奇晴好；

席开水面，恍东坡游赤壁，偏宜月白风清。

张岱《清喜阁柱对》：

如月当空，偶似微云点河汉；

在人为目，且将秋水剪瞳神。

［译文］

湖心亭以前是湖心寺，西湖中有三座塔，这是其中的一座。明代弘治年间，按察司佥事阴子淑执法很严格。寺中的僧人仗着宫内太监镇守，闭门不接纳一般的官员进入。阴子淑查访到寺庙的不法之事，便毁掉了这座寺庙，并推倒了寺中的佛塔。嘉靖三十一年，太守孙孟寻访到寺庙的遗迹，在上面建了一座亭子。露天平台大约有一亩，四周围上石栏，湖山的美景可以在这里一览无余。几年后亭子就倒塌了。万历四年时，佥事徐廷祼重新修建。万历二十八年，司礼监孙东瀛把这里改建为清喜阁，金碧辉煌，规模宏伟壮丽，游人看见它就像看到了海市蜃楼一样。云雾若隐若现，恐怕连滕王阁、岳阳楼都没有它雄伟壮观。春天的时候，山景、睺罗、书画、古董，堆满了台阶，集市喧嚣热闹，叫卖的声音都分辨不清。有月亮的晚上来到这里，寂静凄凉，就像进入海底龙宫藏宝的地方。月光晶莹，沁人心脾，水气氤氲，但是这里地方偏僻，人烟稀少，不宜长时间逗留。

张京元的《湖心亭小记》中说：

湖心亭雄壮美丽、空旷广阔。当时正值夕阳照在山上，倒映在水面，一轮新月从东边升起，像金盘玉饼，和夕阳彩霞交相辉映，让人情不自禁欢呼起来。可惜亭中的四字匾额和对联，填满了门楣梁栋，哪里能借到当年烧彻咸阳的那把大火，了却这些业障啊。

张岱《湖心亭小记》中说：

崇祯五年十二月，我住在西湖边。大雪接连下了多日，湖中游人全无，连飞鸟的声音都消失了。这天初更时分，我撑着一叶小舟，穿着细毛皮衣，带着火炉，独自前往湖心亭看雪。湖面上冰花弥漫，白茫茫一片，天与云与山与水，浑然一体。湖上的影子，只有一道长堤的痕迹，一点湖心亭的轮廓，和我的一叶小舟，舟中的两三个人影罢了。到了湖心亭上，看见有两人铺好毡子，相对而坐，一个童子正把酒炉里的酒烧得滚沸。他们看见我，非常高兴地说："想不到在湖中还会有您这样有闲情逸致的人！"于是拉着我一同饮酒。我尽力喝了三大杯酒，然后和他们道别。问他们的姓氏，得知他们是金陵人，在此地客居。等到了下船的时候，船夫喃喃地说："不要说相公您痴，还有像相公您一样痴的人啊！"

胡来朝《湖心亭柱铭》：

四季笙歌，尚有穷民悲夜月；

六桥花柳，深无隙地种桑麻。

郑烨《湖心亭柱铭》：

亭立湖心，俨西子载扁舟，雅称雨奇晴好；

席开水面，恍东坡游赤壁，偏宜月白风清。

张岱《清喜阁柱对》：

如月当空，偶似微云点河汉；

在人为目，且将秋水剪瞳神。

放生池

宋时有放生碑，在宝石山下。盖天禧四年，王钦若请以西湖为放生池，禁民网捕，郡守王随为之立碑也。今之放生池，在湖心亭之南。外有重堤，朱栏屈曲，桥跨如虹，草树蓊翳，尤更岑寂。古云“三潭印月”，即其地也。春时游舫如鹜，至其地者，百不得一。其中佛舍甚精，复阁重楼，迷禽暗日，威仪肃洁，器钵无声。但恨鱼牢幽闭，涨腻不流，刿鬐缺鳞，头大尾瘠，鱼若能言，其苦万状。以理揆之，孰若纵壑开樊，听其游泳，则物性自遂，深恨俗僧难与解释耳。昔年余到云栖，见鸡鹅豚羖，共牢饥饿，日夕挨挤，堕水死者不计其数。余向莲池师再四疏说，亦谓未能免俗，聊复尔尔。后见兔鹿猢狲亦受禁锁，余曰：“鸡凫豚羖，皆藉食于人，若兔鹿猢狲，放之山林，皆能自食，何苦锁禁，待以胥縻。”莲师大笑，悉为撤禁，听其所之，见者大快。

陶望龄《放生池》诗：

介卢晓牛鸣，冶长识雀哕。吾愿天耳通，达此音声类。

群鱼泣妻妾，鸡鹜呼弟妹。不独死可哀，生离亦可慨。

闽语既嘤咿，吴听了难会。宁闻闽人肉，忍作吴人脍。

可怜登陆鱼，唫喁向人诉。人曰鱼口喑，鱼言人耳背。

何当破网罗，施之以无畏。

昔有二勇者，操刀相与酤。曰子我肉也，奚更求食乎。

互割还互啖，彼尽我亦屠。食彼同自食，举世嗤其愚。

还语血食人，有以异此无？

吴越王钱镠于西湖上税渔，名“使宅渔”。一日，罗隐入谒，壁有《磻溪垂钓图》，王命题之。题云：“吕望当年展庙谟，直钩钓国又何如？假令身住西湖上，也是应供使宅鱼。”王即罢渔税。

放生池柱对：

天地一网罟，欲度众生谁解脱；

飞潜皆性命，但存此念即菩提。

［译文］

宋朝时，宝石山下面有放生碑。大概是在天禧四年，王钦若上奏请求在西湖设置放生池，禁止民众捕捞鱼虾，郡守王随为他竖立了石碑。现在的放生池在湖心亭的南边。外有两重堤岸，红色的栏杆曲折蜿蜒，桥梁像彩虹一样横跨在岸边，草木茂密，更加显得冷清、寂静。古人说的三潭印月的美景，就是在这个地方。春天的时候西湖上的游船像野鸭子一样多，但能够来到这里的，一百只船里也没有一只。这里的佛堂很精致，楼阁重叠，迷路的飞禽让天光都变得暗淡，威严有礼，肃穆整洁，非常安静。

遗憾的是放生池把鱼类囚禁了起来，牢门紧紧关闭，水面升高，无法流通，很多鱼被刺伤，缺鳍少鳞，头大尾巴小，鱼如果会说话，肯定会诉说正在遭受的万般苦痛。按照常理推断，应该打开牢门，任凭它们释放天性自由地游来游去，然而遗憾的是，无法向这些俗僧解释这个道理。往年我曾到云栖，看到很多鸡、鹅、猪、羊，整天被困在一起挨饿，数不清有多少落水死掉。我再三向莲池大师说起这件事，大师说也做不到不拘世俗的常情，姑且如此吧。后来看到兔、鹿、猴子也被紧锁起来，我说："鸡、鸭、猪、羊，这些靠人类喂食。像兔、鹿、猴子这些动物，放到山林，它们会自己寻找食物，何苦把它们锁起来，像对待犯人一样呢！"莲池大师听了大笑，就把它们的牢笼都撤掉，任凭它们到哪里去，看到的人大为痛快。

陶望龄《放生池》诗：

介卢晓牛鸣，冶长识雀哕。吾愿天耳通，达此音声类。
群鱼泣妻妾，鸡鹜呼弟妹。不独死可哀，生离亦可慨。
闽语既嘤咿，吴听了难会。宁闻闽人肉，忍作吴人脍。
可怜登陆鱼，唅喁向人诤。人曰鱼口喑，鱼言人耳背。
何当破网罗，施之以无畏。
昔有二勇者，操刀相与酤。曰子我肉也，奚更求食乎。
互割还互啖，彼尽我亦屠。食彼同自食，举世嗤其愚。
还语血食人，有以异此无？

吴越王钱镠在西湖上征收渔税，称作"使宅渔"。有一天，罗隐前来拜谒他，墙壁上挂有姜太公在磻溪垂钓的图画，钱镠让他在上面题诗。罗隐题了一首诗说："吕望当年展庙谟，直钩钓国又何如？假令身住西湖上，也是应供使宅鱼。"钱镠读后就停收了渔税。

放生池柱对：

天地一网罟，欲度众生谁解脱；
飞潜皆性命，但存此念即菩提。

醉白楼

杭州刺史白乐天啸傲湖山时，有野客赵羽者，湖楼最畅，乐天常过其家，痛饮竟日，绝不分官民体。羽得与乐天通往来，索其题楼。乐天即颜之曰“醉白”。在茅家埠，今改吴庄。一松苍翠，飞带如虬，大有古色，真数百年物。当日白公，想定盘礴其下。

倪元璐《醉白楼》诗：

金沙深处白公堤，太守行春信马蹄。
冶艳桃花供祗应，迷离烟柳藉提携。
闲时风月为常主，到处鸥凫是小傒。
野老偶然同一醉，山楼何必更留题。

［译文］

杭州刺史白居易在湖光山色中逍遥自在地游览时，有个叫赵羽的村野之人，对西湖的风景楼阁最为熟悉，白居易曾经到他家拜访，痛快地喝了一整天的酒，一点都没有官民之间的拘束。赵羽因此能够和白居易交往，并请求白居易题写楼阁的名字。白居易就题写了“醉白”二字。醉白楼在茅家埠，现在改称为吴庄。有一棵松树苍劲翠绿，树枝像虬龙般屈曲，很有古雅的意趣，真是几百年的老树了。可以想见，当年白居易一定在那棵树下箕踞而坐。

倪元璐《醉白楼》诗：

金沙深处白公堤，太守行春信马蹄。
冶艳桃花供祇应，迷离烟柳藉提携。
闲时风月为常主，到处鸥凫是小傒。
野老偶然同一醉，山楼何必更留题。

小青佛舍

小青，广陵人。十岁时，遇老尼口授《心经》，一过成诵。尼曰：“是儿早慧福薄，乞付我作弟子。”母不许。长好读书，解音律，善弈棋。误落武林富人，为其小妇。大妇奇妒，凌逼万状。一日携小青往天竺，大妇曰：“西方佛无量，乃世独礼大士，何耶？”小青曰：“以慈悲故耳。”大妇笑曰：“我亦慈悲若。”乃匿之孤山佛舍，令一尼与俱。小青无事，辄临池自照，好与影语，絮絮如问答，人见辄止。故其诗有“瘦影自临春水照，卿须怜我我怜卿”之句。后病瘵，绝粒，日饮梨汁少许，奄奄待尽。乃呼画师写照，更换再三，都不谓似。后画师注视良久，匠意妖纤。乃曰：“是矣。”以梨酒供之榻前，连呼：“小青！小青！”一恸而绝，年仅十八。遗诗一帙。大妇闻其死，立至佛舍，索其图并诗焚之，遽去。

小青《拜慈云阁》诗：

稽首慈云大士前，莫生西土莫生天。
愿将一滴杨枝水，洒作人间并蒂莲。

又《拜苏小小墓》诗：

西泠芳草绮粼粼，内信传来唤踏青。
杯酒自浇苏小墓，可知妾是意中人。

［译文］

小青是广陵人。十岁的时候遇到一位老尼姑向她亲口传授《心经》，教了一遍就能背诵下来。老尼姑说："这个孩子智力超前，但是福气浅薄，请把她交给我做弟子吧。"小青的母亲没有答应。长大之后小青喜欢读书，精通音律，擅长下棋。后来不幸嫁给杭州的一个有钱人，做了小妾。这个人的正妻性格非常善妒，常常横加逼迫。有一天正妻带着小青前去天竺寺，正妻说："西方的佛那么多，世人唯独尊奉观音菩萨，这是为什么呢？"小青说："因为观音慈悲的缘故吧。"正妻说："我对你也很慈悲啊。"于是就把小青藏在了孤山上的寺庙里，让一个尼姑看着她。小青无聊的时候就在池塘边看自己的影子，喜欢和自己的影子说话，絮絮叨叨自问自答，有人看见，她就不说话了。所以她写的诗里有"瘦影自临春水照，卿须怜我我怜卿"这样的句子。后来生了病，绝食不吃，每天只喝一点梨汁，奄奄一息，将要死了。于是叫来画师给她画像，换了好几个画师，她都说画得不像。后来的画师看了她很长时间，画出来的画像美丽纤瘦。她才说："这就对了。"然后就拿了梨酒放在床前，连着叫了几声"小青"。痛哭一场后她就断气了，年仅十八岁。小青死后留下一套诗集。正妻听说了小青的死讯，马上到了寺庙里。要来小青的画像和诗稿一块烧掉，然后就马上离开了。

小青《拜慈云阁》诗：

稽首慈云大士前，莫生西土莫生天。
愿将一滴杨枝水，洒作人间并蒂莲。

又《拜苏小小墓》诗：

西泠芳草绮粼粼，内信传来唤踏青。
杯酒自浇苏小墓，可知妾是意中人。

卷四　西湖南路

卷四　[illegible]

柳洲亭

柳洲亭，宋初为丰乐楼。高宗移汴民居杭地嘉、湖诸郡，时岁丰稔，建此楼以与民同乐，故名。门以左，孙东瀛建问水亭。高柳长堤，楼船画舫，会合亭前，雁次相缀。朝则解维，暮则收缆，车马喧阗，驺从嘈杂，一派人声，扰嚷不已。堤之东尽为三义庙。过小桥折而北，则吾大父之寄园、铨部戴斐君之别墅。折而南，则钱麟武阁学、商等轩冢宰、祁世培柱史、余武贞殿撰、陈襄范掌科各家园亭，鳞集于此。过此，则孝廉黄元辰之池上轩、富春周中翰之芙蓉园，比间皆是。今当兵燹之后，半椽不剩，瓦砾齐肩，蓬蒿满目。李文叔作《洛阳名园记》，谓以名园之兴废，卜洛阳之盛衰；以洛阳之盛衰，卜天下之治乱。诚哉言也！余于甲午年，偶涉于此，故宫离黍，荆棘铜驼，感慨悲伤，几效桑苎翁之游苕溪，夜必恸哭而返。

张杰《柳洲亭》诗：

谁为鸿濛凿此陂，涌金门外即瑶池。
平沙水月三千顷，画舫笙歌十二时。
今古有诗难绝唱，乾坤无地可争奇。
溶溶漾漾年年绿，销尽黄金总不知。

王思任《问水亭》诗：

我来一清步，犹未拾寒烟。灯外兼星外，沙边更槛边。

孤山供好月，高雁语空天。辛苦西湖水，人还即熟眠。

赵汝愚《丰乐楼柳梢青》词：

水月光中，烟霞影里，涌出楼台。空外笙箫，云间笑语，人在蓬莱。　　天香暗逐风回，正十里荷花盛开。买个小舟，山南游遍，山北归来。

[译文]

柳洲亭，南宋初年叫作“丰乐楼”。宋高宗把开封的百姓迁到杭州一带居住。当时庄稼丰收，就建造了这座楼与民同乐，所以得名为“丰乐楼”。柳洲亭的左边，是孙东瀛建造的问水亭。长堤上有高高的柳树，高大的楼船、精美的画舫在亭子前面会合，像雁群一样排列连属。早上解开缆绳，晚上收起缆绳。车马喧闹，骑马的侍从们嘈杂谈论，一片人声，扰攘不已。长堤东向的尽头是三义庙。过了小桥向北走，则是我祖父建造的寄园、吏部戴斐君的别墅。再向南拐，是东阁大学士钱象坤、吏部尚书商周祚、御史祁彪佳、翰林院修撰余煌、给事中陈襄范各家的园亭，像鱼鳞一样排列聚集在这里。走过这里往前走，则是孝廉黄元辰的池上轩和富春人周中翰的芙蓉园，旁边住着很多人家。现在正值战乱之后，半条椽子都没有剩下，堆积的瓦砾有肩膀那么高，满眼望去都是荒草。李格非写有《洛阳名园记》，说是以名园的兴废推断洛阳的兴衰，进而可以推断天下的治乱。这话说得很对！我在甲午年时，偶然来到这里，昔日的宫殿满眼荒芜，宫门前的铜驼被弃于荆棘之中，感慨悲伤，就像陆羽当年游苕溪时，晚上一定恸哭着返回。

张杰《柳洲亭》诗：

谁为鸿濛凿此陂，涌金门外即瑶池。
平沙水月三千顷，画舫笙歌十二时。
今古有诗难绝唱，乾坤无地可争奇。
溶溶漾漾年年绿，销尽黄金总不知。

王思任《问水亭》诗：

我来一清步，犹未拾寒烟。灯外兼星外，沙边更槛边。
孤山供好月，高雁语空天。辛苦西湖水，人还即熟眠。

赵汝愚《丰乐楼柳梢青》词：

水月光中，烟霞影里，涌出楼台。空外笙箫，云间笑语，人在蓬莱。　　天香暗逐风回，正十里荷花盛开。买个小舟，山南游遍，山北归来。

灵芝寺

灵芝寺，钱武肃王之故苑也。地产灵芝，舍以为寺。至宋而规制寖宏，高、孝两朝四临幸焉。内有浮碧轩、依光堂，为新进士题名之所。元末毁，明永乐初，僧竺源再造，万历二十二年重修。余幼时至其中看牡丹，干高丈余，而花蕊烂熳，开至数千余朵，湖中夸为盛事。寺畔有显应观，高宗以祀崔府君也。崔名子玉，唐贞观间为磁州滏阳令，有异政，民生祠之，既卒为神。高宗为康王时，避金兵，走钜鹿，马毙，冒雨独行，路值三岐，莫知所往。忽有白马在道，鞚驭乘之，驰至崔祠，马忽不见。但见祠马赭汗如雨，遂避宿祠中。梦神以杖击地，促其行。趋出门，马复在户，乘至斜桥，会耿仲南来迎，策马过涧，见水即化。视之，乃崔府君祠中泥马也。及即位，立祠报德，累朝崇奉异常。六月六日是其生辰，游人阗塞。

张岱《灵芝寺》诗：

项羽曾悲骓不逝，活马犹然如泥塑。
焉有泥马去如飞，等闲直至黄河渡。
一堆龙骨蜕厓前，迢递芒砀迷云路。
茕茕一介走亡人，身陷柏人脱然过。
建炎尚是小朝廷，百灵亦复加呵护。

［译文］

灵芝寺，是钱武肃王钱镠以前的花园。这里出产灵芝，钱武肃王施舍了花园，建成寺庙。到了宋朝年间，灵芝寺的规模逐渐变得很大，宋高宗、宋孝宗曾经四次驾临这里。寺内有浮碧轩、依光堂，是新及第的进士题名的地方。元朝末年遭到毁坏，明朝永乐初年，由竺源和尚重新建造，万历二十二年重新修整。我小的时候曾经到寺里观看牡丹，牡丹的枝干有一丈多高，花蕊烂漫，盛开的花有几千朵，湖中人士夸赞这是一件盛事。灵芝寺的边上有显应观，是宋高宗为了祭祀崔府君而兴建的。崔府君的名字叫子玉，唐朝贞观年间担任磁州滏阳县令，政绩优异，老百姓为他建立了生祠，去世后，成了神仙。宋高宗做康王的时候，躲避金兵，路过巨鹿时，乘坐的马死掉了，高宗冒着雨独自前行，遇到一个三岔路口，不知道该往哪个路口走。此时路上忽然出现一匹白马，宋高宗勒住马笼头，骑上马，白马飞奔到崔祠这里就忽然消失了。只见祠里的马挥汗如雨，于是宋高宗借宿到祠中躲避。晚上他梦到崔府君拿着手杖敲击地面，催促他赶紧赶路。高宗快步出了大门，那匹白马又出现在大门口，高宗乘着马走到斜桥，正好碰到耿仲南前来迎接，用鞭子驱马蹚过水沟，马一进水就化掉了。仔细一看，这白马竟然是崔府君祠中的泥马。等到高宗登基后，就建造祠庙来报答崔府君的恩德，历代都十分崇敬地供奉。六月六日是崔府君的生辰，前来祭拜的人把祠庙围得水泄不通。

张岱《灵芝寺》诗：

项羽曾悲骓不逝，活马犹然如泥塑。
焉有泥马去如飞，等闲直至黄河渡。
一堆龙骨蜕厓前，迢递芒砀迷云路。
茕茕一介走亡人，身陷柏人脱然过。
建炎尚是小朝廷，百灵亦复加呵护。

钱王祠

钱镠，临安石鉴乡人，骁勇有谋略。壮而微，贩盐自活。唐僖宗时，平浙寇王仙芝，拒黄巢，灭董昌，积功自显。梁开平元年，封镠为吴越王。有讽镠拒梁命者，镠笑曰：“吾岂失一孙仲谋耶！”遂受之。改其乡为临安县，军为锦衣军。是年，省茔垄，延故老，旌钺鼓吹，振耀山谷。自昔游钓之所，尽蒙以锦绣，或树石至有封官爵者，旧贸盐担，亦裁锦韬之。一邻媪九十余，携壶泉迎于道左，镠下车亟拜。媪抚其背，以小字呼之曰："钱婆留，喜汝长成。"盖初生时，光怪满室，父惧，将沉于了溪，此媪苦留之，遂字焉。为牛酒大陈，以饮乡人；别张蜀锦为广幄，以饮乡妇。年上八十者饮金爵，百岁者饮玉爵。镠起劝酒，自唱还乡歌以娱宾，曰："玉节还乡兮挂锦衣，父老远近来相随。斗牛光起天无欺，吴越一王驷马归。"时将筑宫殿，望气者言："因故府大之，不过百年；填西湖之半，可得千年。"武肃笑曰："焉有千年而其中不出真主者乎？奈何困吾民为！"遂弗改造。宋熙宁间，苏子瞻守郡，请以龙山废祠妙音院者，改为表忠观以祀之。今废。明嘉靖三十九年，督抚胡宗宪建祠于灵芝寺址，塑三世五王像，春秋致祭，令其十九世孙德洪者守之。郡守陈柯重镌《表忠观碑记》于祠。

苏轼《表忠观碑记》：

熙宁十年十月戊子，资政殿大学士、右谏议大夫、知杭州军事臣抃言："故越国王钱氏坟庙，及其父、祖、妃、夫人、子孙之坟，在钱塘者二十有六，在临安者十有一，皆芜秽不治，父老过之，有流涕者。谨按：故武肃王镠，始以乡兵破走黄巢，名闻江淮。复以八都兵讨刘汉宏，并越州以奉董昌，而自居于杭。及昌以越叛，则诛昌而并越，尽有浙东西之地，传其子文穆王元瓘。至其孙忠献王仁佐，遂破李景兵而取福州。而仁佐之弟忠懿王俶又大出兵攻景，以迎周世宗之师，其后，卒以国入觐。三世四王，与五代相为终始。天下大乱，豪杰蜂起，方是时，以数州之地盗名字者不可胜数，既覆其族，延及于无辜之民，罔有孑遗。而吴越地方千里，带甲十万，铸山煮海，象犀珠玉之富甲于天下，然终不失臣节，贡献相望于道。是以其民至于老死不识兵革，四时嬉游，歌舞之声相闻，至于今不废。其有德于斯民甚厚。皇帝受命，四方僭乱，以次削平。西蜀江南，负其险远，兵至城下，力屈势穷，然后束手。而河东刘氏百战守死，以抗王师，积骸为城，洒血为池，竭天下之力，仅乃克之。独吴越不待告命，封府库，籍郡县，请吏于朝，视去国如传舍，其有功于朝廷甚大。昔窦融以河西归汉，光武诏右扶风修其父祖坟茔，祀以太牢。今钱氏功德殆过于融，而未及百年，坟庙不治，行道伤嗟，甚非所以劝奖忠臣、慰答民心之义也。臣愿以龙山废佛寺曰妙音院者为观，使钱氏之孙为道士曰自然者居之。凡坟庙之在钱塘者，以付自然。其在临安者，以付其县之净土寺僧曰道微。岁各度其徒一人，使世掌之。籍其地之所入，以时修其祠宇，封植其草木。有不治者，县令亟察之，甚者，易其人，庶几永终不堕，以称朝廷待钱氏之意。臣抃昧死以闻。”制曰：可。其妙音院赐改名表忠观。

铭曰：天目之山，苕水出焉。龙飞凤舞，萃于临安。笃生异人，绝类离群。奋挺大呼，从者如云。仰天誓江，月星晦蒙。强弩射潮，江海为东。杀宏诛昌，奄在吴越。金券玉册，虎符龙节。大城其居，包络山川。左江右湖，控引岛蛮。岁时归休，以燕父老。晔如神人，玉带球马。四十一年，寅畏小心。厥篚相望，大贝南金。五胡昏乱，罔堪托国。三王相承，以符有德。既获所归，弗谋弗咨。先王之志，我维行之。天祚忠孝，世有爵邑。允文允武，子孙千亿。帝谓守臣，治其祠坟。毋俾樵牧，愧其后昆。龙山之阳，岿焉斯宫。匪私于钱，惟以劝忠。非忠无君，非孝无亲。凡百有位，视此刻文。

张岱《钱王祠》诗：

扼定东南十四州，五王并不事兜鍪。
英雄球马朝天子，带砺山河拥冕旒。
大树千株被锦绂，钱塘万弩射潮头。
五胡纷扰中华地，歌舞西湖近百秋。

又《钱王祠柱铭》：

力能分土，提乡兵杀宏诛昌；一十四州，鸡犬桑麻，撑住东南半壁；

志在顺天，求真主迎周归宋；九十八年，象犀筐篚，混同吴越一家。

[译文]

钱镠，是临安石鉴乡人，勇猛且有谋略。身处壮年而地位卑下，以卖盐维持生计。唐僖宗的时候，钱镠平定了浙江的贼寇王仙芝，击退了黄巢的叛军，消灭了董昌，积累了功劳，声名显著起来。后梁开平元年，钱镠被封为吴越王。有人劝说钱镠拒绝后梁的任命，钱镠笑着答道："我怎么能失去一个当孙仲谋的好机会呢！"于是接受了任命。钱镠把他管辖的乡改为临安县，军队改编为锦衣军。这一年，钱镠祭扫祖坟，邀请乡里的长老出席，带着仪仗队和乐队，仪容荣耀震动山谷。先前游玩钓鱼的地方，都蒙上锦绣绸缎，有的还在封官晋爵的地方立碑纪念，以前卖盐用的扁担也用锦缎包裹着。邻居里有一位九十多岁的老妇人，拿着一壶泉水在道路旁边迎接他，钱镠下车后赶快下拜。老妇抚摸他的脊背，用他的小名叫他："钱婆留，看到你长大成人了，我很高兴。"因为钱镠出生的时候，屋里充满了奇异的光芒，他的父亲很害怕，想把他扔到了溪里淹死，这个老妇人执意留下他来，于是小名就叫了“婆留”。钱镠摆出很多的牛肉和酒来让乡人吃喝；另外，用蜀锦搭起大大的帷幕，让乡邻妇人在里面吃喝。八十岁以上的用金爵饮酒，一百岁以上的用玉爵喝酒。钱镠站起身来劝酒，自己唱起还乡歌来娱乐宾客，他说：“手持玉节穿上锦衣，父老乡亲来跟随。斗宿和牛宿的星光照耀，上天不会欺谁，吴越王我如今乘坐驷马衣锦还乡。”当时想要修造宫殿，占卜的人说：“如果扩建原来的宫殿居住，王爵持续不过百年；如果填平半个西湖，可得千年的王爵。”钱镠笑着说：“哪里会有一千年当中还不出一位贤明的君主呢？为何还要让我的百姓受苦！”于是就不再改造宫殿。宋朝熙宁年间，苏轼担任杭州的郡守，奏请将废弃的龙山观音院改为表忠观来祭祀钱镠。现在已经被废弃。明朝嘉靖三十九年，督抚胡宗宪在灵芝寺的旧址上修建了祠庙，塑造了三代五王的神像，每年春秋举行两次祭祀，让钱镠的十九世孙钱德洪看守祠庙。郡守陈柯重新镌刻了《表忠观碑记》，置于祠庙中。

苏轼的《表忠观碑记》中说：

熙宁十年十月戊子这一天，资政殿大学士、右谏议大夫、掌管杭州军事的赵抃向皇帝进言说：“原来吴越国国王钱镠的坟庙，以及他父亲的、祖辈的、妃子的、夫人的、子孙的坟墓，有二十六座都在钱塘，十一座在临安，现在都荒芜了，没人管理。父老乡亲经过那里，有人都感伤流泪。据史载，武肃王钱镠，曾经率领乡里的民兵打败并赶走黄巢的叛军，在江淮一带闻名。又率领八都兵讨伐刘汉宏，攻下越州献给董昌，自己则居住在杭州。等到董昌在越州叛乱，就灭掉了董昌，兼并了越州，全部占有了浙东、浙西的地盘，后来传位给他的儿子文穆王钱元瓘。到了他的孙子忠献王钱仁佐的时候，攻破了李景的部队占据了福州。而钱仁佐的弟弟忠懿王钱弘俶又大举出兵攻打南唐，来迎接后周世宗的军队，后来，最终举国归顺了宋朝。从钱镠到钱弘俶，前后共经历三代，四人称王，和五代同时相存。天下大乱的时候，豪杰纷纷举兵起事，那时候，凭借几个州郡的地盘就建国立号欺世盗名的人数不过来，灭族之后，就连累无辜百姓，一个都不能存活。而吴越之地，方圆千里，拥兵十万，铸山为铜，煮海为盐，奇珍异宝天下第一，然而钱镠始终没有失掉臣子的礼节，称臣纳贡不断。所以当地的百姓能够到老都不见战争，一年四季嬉乐游玩，唱歌跳舞远近相闻，到现在都没有停止。对于此地的百姓，钱镠的恩德厚重。本朝皇帝顺应天命，周围僭越作乱犯上叛逆依次都被平定。后蜀和南唐，依仗道路险阻且遥远，宋兵到了城下，才知道自己的力量和势力的不足，只好束手就擒。河东的刘崇建立了北汉，历经百战而死守，来对抗北宋的军队，尸骨累累，血流成河，用尽天下的力量，才攻克了他。只有吴越王，不等朝廷下达归降的诏书，就封存府库，登记所属郡县的户籍，请求归顺朝廷，把舍掉政权看作是离开旅馆一样，钱氏对朝廷有很大的功劳。当年东汉的窦融率河西归附光武帝，光武帝下令让右扶风的长官修建窦融父祖的坟墓，用太牢之礼来祭祀。现在，钱氏的功德大概超过了东汉的窦融，并且还不到一百年的时间，而钱氏的坟庙已经荒芜、无人管理，行道的人都为此感伤悲叹，这显然不是皇上嘉奖忠臣、告慰民心的本意啊。我希望把龙山废弃的佛寺妙音院建作道观，让钱氏的后代中有个叫“自然”的道士居住在那里。凡是在杭州的钱氏坟墓，都交给他来管理。在临安的那些交给临安县净土寺的道微和尚管理。每年各剃度一个徒弟，让他们世代掌管守坟的事情。借助土地的收入，按时修理钱氏的祠庙，栽树植草。如果看管不当，当地县令应当及时查明情况，更加严重的，更换其人，这样的话钱氏的祠庙应该能够永远不被毁坏，以合乎朝廷对待钱氏的心意。臣赵抃冒死禀告这件事。”皇帝下令说：“可以。”于是那座妙音院被赐改名为表忠观。

铭文说：天目之山，苕水出焉。龙飞凤舞，萃于临安。笃生异人，绝类离群。奋挺大呼，从者如云。仰天誓江，月星晦蒙。强弩射潮，江海为东。杀宏诛昌，奄在吴越。金券玉册，虎符龙节。大城其居，包络山川。左江右湖，控引岛蛮。岁时归休，以燕父老。晔如神人，玉带球马。四十一年，寅畏小心。厥篚相望，大贝南金。五胡昏乱，罔堪托国。三王相承，以符有德。既获所归，弗谋弗咨。先王之志，我维行之。天祚忠孝，世有爵邑。允文允武，子孙千亿。帝谓守臣，治其祠坟。毋俾樵牧，愧其后昆。龙山之阳，岿焉斯宫。匪私于钱，惟以劝忠。非忠无君，非孝无亲。凡百有位，视此刻文。

张岱《钱王祠》诗：

扼定东南十四州，五王并不事兜鍪。
英雄球马朝天子，带砺山河拥冕旒。
大树千株被锦绂，钱塘万弩射潮头。
五胡纷扰中华地，歌舞西湖近百秋。

又《钱王祠柱铭》：

力能分土，提乡兵杀宏诛昌；一十四州，鸡犬桑麻，撑住东南半壁；

志在顺天，求真主迎周归宋；九十八年，象犀筐篚，混同吴越一家。

净慈寺

净慈寺，周显德元年钱王俶建，号慧日永明院，迎衢州道潜禅师居之。潜尝欲向王求金铸十八阿罗汉，未白也。王忽夜梦十八巨人随行。翌日，道潜以请，王异而许之，始作罗汉堂。宋建隆初，禅师延寿以佛祖大意，经纶正宗，撰《宗镜录》一百卷，遂作宗镜堂。熙宁中，郡守陈襄延僧宗本居之。岁旱，湖水尽涸。寺西隅甘泉出，有金色鳗鱼游焉，因凿井，寺僧千余人饮之不竭，名曰圆照井。南渡时，毁而复建，僧道容鸠工五岁始成。塑五百阿罗汉，以田字殿贮之。绍兴九年，改赐净慈报恩光化寺额。复毁。孝宗时，一僧募缘修殿，日餍酒肉而返，寺僧问其所募钱几何，曰："尽饱腹中矣。"募化三年，簿上布施金钱，一一开载明白。一日，大喊街头曰："吾造殿矣。"复置酒肴，大醉市中，揠喉大呕，撒地皆成黄金，众缘自是毕集，而寺遂落成。僧名济颠。识者曰："是即永明后身也。"嘉泰间，复毁，再建于嘉定三年。寺故闳大，甲于湖山。翰林程珌记之，有"湿红映地，飞翠侵霄，檐转鸾翎，阶排雁齿。星垂珠网，宝殿洞乎琉璃；日耀璇题，金椽耸乎玳瑁"之语。时宰官建议，以京辅佛寺推次甲乙，尊表五山，为诸刹纲领，而净慈与焉。先是，寺僧艰汲，担水湖滨。绍定四年，僧法薰以锡杖扣殿前地，出泉二派，甃为双井，水得无缺。淳祐十年，建千佛阁，理宗书"华严法界正偏知阁”八字赐之。元季，湖寺尽毁，而兹寺独存。明洪武间毁，僧法净重建。正统间复毁，僧宗妙复建。万历二十年，司礼监孙隆重修，铸铁鼎，葺钟楼，构井亭，架棹楔。永乐间，建文帝隐遁于此，寺中有其遗像，状貌魁伟，迥异常人。

袁宏道《莲花洞小记》：

莲花洞之前为居然亭。亭轩豁可望，每一登览，则湖光献碧，须眉形影，如落镜中。六桥杨柳，一路牵风引浪，萧疏可爱。晴雨烟月，风景互异，净慈之绝胜处也。洞石玲珑若生，巧逾雕镂。余常谓：吴山南屏一派皆石骨土肤，中空四达，愈搜愈出。近若宋氏园亭，皆搜得者。又紫阳宫石，为孙内使搜出者甚多。噫，安得五丁神将，挽钱塘江水，将尘泥洗尽，出其奇奥，当何如哉！

王思任《净慈寺》诗：

净寺何年出，西湖长翠微。佛雄香较细，云饱绿交肥。
岩竹支僧阁，泉花蹴客衣。酒家莲叶上，鸥鹭往来飞。

［译文］

净慈寺是在后周显德元年由吴越王钱弘俶建成，号为“慧日永明院”，迎来衢州的道潜和尚来此住持。道潜禅师曾经想向钱王请求拨付黄金铸造十八罗汉的神像，但是没有说出来。钱王有一天晚上梦到有十八个巨人跟着他走。第二天，道潜前来请求，钱王感到惊异就答应了他，这才修建了罗汉堂。宋朝建隆初年，延寿和尚考虑到佛祖的继承问题，撰写了一百卷的《宗镜录》，于是建造了宗镜堂。熙宁年间，郡守陈襄请宗本和尚前来住持。这年发生大旱，湖水全都干涸了。净慈寺的西面有甘甜的泉水流出，有金色的鳗鱼在泉水中游泳，于是宗本凿泉挖井，寺庙里一千多个和尚都饮用这里的水，水取之不竭，就把这口井命名为“圆照井”。南渡的时候，净慈寺被毁又重新修建，道容和尚召集工匠修了五年才修好。塑造了五百罗汉的神像，放置在田字大殿里面。绍兴九年，朝廷改赐“净慈报恩光化寺”的匾额。后来净慈寺又被毁坏。宋孝宗的时候，有一个和尚去募集资金修复大殿，每天都吃饱肉喝足酒才回来，寺里的僧人问他募集到了多少钱，他说：“都在我的肚子里了。”募集了三年的资金，账簿上记载得清清楚楚。有一天，他在街头大喊道：“我要建造大殿了。”又安排酒饭，在市集上喝得大醉，抠着喉咙大口地呕吐，撒到地上的都是黄金，所募集的资金全都聚集了起来，而寺院也终于建成。这个和尚的法号叫作济颠。认识的人说：“他就是永明和尚的后身。”嘉泰年间，净慈寺又遭到毁坏，嘉定三年再次重建。寺院的规模宏大，在西湖的寺院中为第一。翰林程珌记载了这件事，有“湿红映地，飞翠侵霄，檐转鸾翎，阶排雁齿。星垂珠网，宝殿洞乎琉璃；日耀璇题，金椽耸乎玳瑁”的句子。当时有宰官建议，把京城及其附近地区的佛寺排列名次，推举前五，作为各个寺院的首领，净慈寺即被选中。在这之前，净慈寺里的和尚取水很不容易，需要到湖边去挑水。绍定四年，法薰和尚用锡杖叩击大殿前面的地面，涌出两股泉水，挖掘后成为两口井，寺院的用水才没有匮乏。淳祐十年，修建了千佛阁，宋理宗书写了“华严法界正偏知阁”八个字赐给净慈寺。元朝末年，西湖的寺院尽遭毁坏，而唯独这座净慈寺保存了下来。明代洪武年间，净慈寺再被毁掉，由法净和尚重新修建。正统年间又被毁掉，宗妙和尚又再次修复。万历二十年，司礼监孙隆重新修建净慈寺，铸造铁鼎，修建钟楼和井亭，架上木柱表彰纪念。永乐年间，建文帝在这里隐居，寺中有他的遗像，相貌魁梧伟岸，和普通人明显不同。

袁宏道的《莲花洞小记》中说：

莲花洞前面是居然亭。居然亭开阔而敞亮，适合登上去眺望，每次登上居然亭观望，就能看到湖光山色呈现一片碧绿之色，人的影子倒映在湖水中，就像照镜子一样清晰。六桥边上的柳树，一路上被风吹拂，倒像是引领着湖中的波浪，洒脱自然，惹人怜爱。晴天雨天的烟光月色，风景各不相同，是净慈寺最绝妙的地方。莲花洞的石头玲珑剔透，栩栩如生，比精工雕刻的还要精巧。我常说吴山南屏一带的地况都是表层是土，下面是石头，岩石中间有孔，相互贯通。越往里面找石头越多。近来像宋氏园亭的石头，都是从这里搜得的。另外，紫阳宫的石头，很多是孙内史从这里挖出来的。唉，哪里能够得到五丁神将把钱塘江的水带来，把山上的泥土冲洗干净，让那些奇异的石头都露出来，那将会怎么样啊！

王思任《净慈寺》诗：

净寺何年出，西湖长翠微。佛雄香较细，云饱绿交肥。
岩竹支僧阁，泉花蹴客衣。酒家莲叶上，鸥鹭往来飞。

小蓬莱

小蓬莱在雷峰塔右，宋内侍甘升园也。奇峰如云，古木蓊蔚，理宗常临幸。有御爱松，盖数百年物也。自古称为小蓬莱，石上有宋刻“青云岩”“鳌峰”等字。今为黄贞父先生读书之地，改名“寓林”，题其石为“奔云”。余谓“奔云”得其情，未得其理。石如滇茶一朵，风雨落之，半入泥土，花瓣棱棱，三四层摺。人走其中，如蝶入花心，无须不缀。色黝黑如英石，而苔藓之古，如商彝周鼎入土千年，青绿彻骨也。贞父先生为文章宗匠，门人数百人。一时知名士，无不出其门下者。余幼时从大父访先生。先生面黧黑，多髭须，毛颊，河目海口，眉棱鼻梁，张口多笑。交际酬酢，八面应之。耳聆客言，目睹来牍，手书回札，口嘱傒奴，杂沓于前，未尝少错。客至，无贵贱，便肉、便饭食之，夜即与同榻。余一书记往，颇秽恶，先生寝食之无异也。天启丙寅，余至寓林，亭榭倾圮，堂中窀先生遗蜕，不胜人琴之感。今当丁酉，再至其地，墙围俱倒，竟成瓦砾之场。余欲筑室于此，以为东坡先生专祠，往鬻其地，而主人不肯。但林木俱无，苔藓尽剥。“奔云”一石，亦残缺失次，十去其五。数年之后，必鞠为茂草，荡为冷烟矣。菊水桃源，付之一想。

张岱《小蓬莱奔云石》诗：

滇茶初着花，忽为风雨落。簇簇起波棱，层层界轮廓。
如蝶缀花心，步步堪咀嚼。薜萝杂松楸，阴翳罩轻幕。
色同黑漆古，苔斑解竹箨。土绣鼎彝文，翡翠兼丹雘。
雕琢真鬼工，仍然归浑朴。须得十年许，解衣恣盘礴。
况遇主人贤，胸中有丘壑。此石是寒山，吾语尔能诺。

[译文]

小蓬莱在雷峰塔的右边，是宋孝宗时太监甘升的园林。园内奇特的山峰像云彩一样多，古树繁茂，理宗常常驾临这里。有一棵御爱松，大概是有几百年历史的松树了。园子自古就被称为小蓬莱。石上有宋朝时雕刻的“青云岩”“鳌峰”等字。这里现在是黄贞父先生读书的地方，改名为“寓林”，在石上题字“奔云”。我认为“奔云”二字有它的情致，但是没有体现它的理趣。这块石头像一朵云南的茶花，风雨将花吹落，一半被埋在了泥土里，花瓣一棱一棱，叠成三四层的样子。人走到它里面，就像蝴蝶飞到花心中间，没有哪根胡须不挨着花蕊。颜色像石英石一样黝黑，而石头上面的古老的苔藓，就如同已埋到土里上千年的商周时期的青铜器，青绿的颜色直入骨髓。黄贞父先生是写文章的宗师，门下有数百弟子。当时知名的读书人，没有不是出自他的门下的。我小的时候跟着祖父去拜访黄先生，看到先生脸色黧黑，长有很多胡须，两颊长有毛，眼睛长长的，嘴很大，高眉骨，高鼻梁，张口就笑。交际应酬，应对自如。他听着客人说话，眼看来信，亲手书写回信，口中吩咐家奴，手边事务繁多，没有出过一点差错。客人到访，不分贵贱，都会用肉和便饭来招待，晚上就和客人同榻交流。我有一个僚属去他那里，这个僚属不修边幅，先生安排他的寝食和别人没有什么不同。天启丙寅年，我到了寓林，只见园中的亭阁台榭已经倒塌，堂中是先生的葬身之处，不禁对先生的逝世深感哀伤。现在是丁酉年，又来到这里，院墙和围栏都倒塌了，竟然都成了一片瓦砾。我想在这给苏东坡先生建造一座祠庙，前去买地，但是主人不肯卖。园中树木都已经没有了，苔藓也都剥落了下来。刻着“奔云”的这块石头，也已经残缺不全，少了一半。几年之后，这里一定会长满杂草，冷烟凄迷。菊水桃源，想想而已。

张岱《小蓬莱奔云石》诗：

滇茶初着花，忽为风雨落。簇簇起波棱，层层界轮廓。
如蝶缀花心，步步堪咀嚼。薜萝杂松楸，阴翳罩轻幕。
色同黑漆古，苔斑解竹箨。土绣鼎彝文，翡翠兼丹雘。
雕琢真鬼工，仍然归浑朴。须得十年许，解衣恣盘礴。
况遇主人贤，胸中有丘壑。此石是寒山，吾语尔能诺。

雷峰塔

雷峰者，南屏山之支麓也。穹窿回映，旧名中峰，亦名回峰。宋有雷就者居之，故名雷峰。吴越王于此建塔，始以十三级为准，拟高千尺。后财力不敷，止建七级。古称王妃塔。元末失火，仅存塔心。雷峰夕照，遂为西湖十景之一。曾见李长蘅题画有云："吾友闻子将尝言：'湖上两浮屠，保俶如美人，雷峰如老衲。'予极赏之。辛亥在小筑，与沈方回池上看荷花，辄作一诗，中有句云'雷峰倚天如醉翁'，严印持见之，跃然曰：'子将老衲不如子醉翁尤得其情态也。'盖余在湖上山楼，朝夕与雷峰相对，而暮山紫气，此翁颓然其间，尤为醉心。然予诗落句云：'此翁情淡如烟水。'则未尝不以子将老衲之言为宗耳。癸丑十月醉后题。"

林逋《雷峰》诗：

中峰一径分，盘折上幽云。夕照前林见，秋涛隔岸闻。
长松标古翠，疏竹动微薰。自爱苏门啸，怀贤事不群。

张岱《雷峰塔》诗：

闻子状雷峰，老僧挂偏裻。日日看西湖，一生看不足。
时有薰风至，西湖是酒床。醉翁潦倒立，一口吸西江。
惨淡一雷峰，如何擅夕照。遍体是烟霞，掀髯复长啸。
怪石集南屏，寓林为其窟。岂是米襄阳，端严具袍笏。

[译文]

雷峰，是南屏山的支麓。雷峰和天空互相辉映，以前叫作中峰，也叫作回峰。宋朝时有个叫雷就的人居住在这里，所以叫作雷峰。吴越王钱镠在这里修造了佛塔，开始时准备造一座高达一千尺的十三级佛塔。后来因为财力不够，只建造了七级就停了。古时称这座塔为王妃塔。元朝末年时遭遇火灾，只剩下塔心部分。雷峰夕照，于是就成为西湖的十大美景之一。我曾看见李流芳在画上的题记中写道："我的好友闻起祥曾经说过：'西湖有两塔，保俶塔长得像美人，雷峰塔长得像老和尚。'我很赞同这句话。辛亥年时，我和沈方回在小筑的池边观赏荷花，作了一首诗，其中有一句说'雷峰倚天如醉翁'。严印持看到后，激动地说：'闻起祥把雷峰塔比作老衲不如你比作醉翁更能凸显雷峰塔的情态。'大概是因为我在西湖边山上的楼房居住，从早到晚都和雷峰塔相对。傍晚时分山峰散发出云气，雷峰塔在山间颓然而立，尤其让人醉心。然而我的诗的尾句'此翁情淡如烟水'，则未尝不是把闻起祥的话作为正宗啊。癸丑年十月醉后写。"

林逋《雷峰》诗：

中峰一径分，盘折上幽云。夕照前林见，秋涛隔岸闻。
长松标古翠，疏竹动微薰。自爱苏门啸，怀贤事不群。

张岱《雷峰塔》诗：

闻子状雷峰，老僧挂偏裻。日日看西湖，一生看不足。
时有薰风至，西湖是酒床。醉翁潦倒立，一口吸西江。
惨淡一雷峰，如何擅夕照。遍体是烟霞，掀髯复长啸。
怪石集南屏，寓林为其窟。岂是米襄阳，端严具袍笏。

包衙庄

西湖之船有楼，实包副使涵所创为之。大小三号：头号置歌筵，储歌童；次载书画；再次偫美人。涵老以声伎非侍妾比，仿石季伦、宋子京家法，都令见客。常靓妆走马，媻姗勃窣，穿柳过之，以为笑乐。明槛绮疏，曼讴其下，擫籥弹筝，声如莺试。客至，则歌童演剧，队舞鼓吹，无不绝伦。乘兴一出，住必浃旬，观者相逐，问其所止。南园在雷峰塔下，北园在飞来峰下。两地皆石薮，积牒磊砢，无非奇峭，但亦借作溪涧桥梁，不于山上叠山，大有文理。大厅以拱斗抬梁，偷其中间四柱，队舞狮子甚畅。北园作八卦房，园亭如规，分作八格，形如扇面。当其狭处，横亘一床，帐前后开阖，下里帐则床向外，下外帐则床向内。涵老居其中，扃上开明窗，焚香倚枕，则八床面面皆出。穷奢极欲，老于西湖者二十年。金谷、郿坞，着一毫寒俭不得，索性繁华到底，亦杭州人所谓"左右是左右"也。西湖大家何所不有，西子有时亦贮金屋。咄咄书空，则穷措大耳。

陈函辉《南屏包庄》诗：

独创楼船水上行，一天夜气识金银。
歌喉裂石惊鱼鸟，灯火分光入藻苹。
潇洒西园出声伎，豪华金谷集文人。
自来寂寞皆唐突，虽是逋仙亦恨贫。

[译文]

西湖的船开始有楼，实际上是副使包涵最先这样做的。大小有三等：头号的上面置办歌舞筵席，还有歌童；次一等的则载有书画；最次的载有美女。涵老认为声伎不比侍妾，就仿照石季伦、宋子京的做法，都让她们出来会见客人。声伎们常常打扮得光鲜艳丽骑着马出行，摇摇晃晃，从柳树下面经过时，人们常拿她们取笑作乐。声伎在刻有花纹的窗下曼妙地歌唱，有的按箫，有的弹筝，歌声就像黄莺试啼一样动听。客人到来，则歌童表演剧目，舞蹈排列、鼓琴吹笙，精彩绝伦。趁着兴致出游，客人一定会住上十天半月，来观看的人争相追逐，问他往哪里去。南园在雷峰塔下，北园在飞来峰下。两地都是石头聚集的地方，石块累积相叠，没有一块不奇异峻峭。但也只是用来借作溪涧的桥梁，不在山上叠山，很有条理。大厅以斗拱撑起大梁，中间没有了四根柱子，舞狮队在这里表演很是畅快。北园是八卦状的房子，园亭的布局呈圆形，分成八格，形状像扇面一样。在它狭窄的地方，横着放置一张床，帐子前后开合，放下里面的帷帐则床向外，放下外面的帷帐则床向里。涵老坐在中间，窗户开着明窗，焚着香倚着靠枕，这样八张床每一面都可以看到。穷奢极欲，涵老在西湖待了二十年的时间。当年石崇的金谷园、董卓的郿坞，不能有一点的寒酸，索性就繁华到底，也就是杭州人说的“左右是左右”。西湖的有钱人家，有人什么没有呢，有时也有人在此金屋藏娇。唉，对空比划，我只是一个穷书生而已！

陈函辉《南屏包庄》诗：

独创楼船水上行，一天夜气识金银。
歌喉裂石惊鱼鸟，灯火分光入藻蘋。
潇洒西园出声伎，豪华金谷集文人。
自来寂寞皆唐突，虽是逋仙亦恨贫。

南高峰

南高峰在南北诸山之界，羊肠佶屈，松篁葱蒨，非芒鞋布袜，努策支筇，不可陟也。塔居峰顶，晋天福间建，崇宁、乾道两度重修。元季毁。旧七级，今存三级。塔中四望，则东瞰平芜，烟销日出，尽湖中之景。南俯大江，波涛洄洑，舟楫隐见杳霭间。西接岩窦，怪石翔舞，洞穴邃密。其侧有瑞应像，巧若鬼工。北瞩陵阜，陂陀曼延，箭栎丛出，麰麦连云。山椒巨石屹如峨冠者，名先照坛，相传道者镇魔处。峰顶有钵盂潭、颍川泉，大旱不涸，大雨不盈。潭侧有白龙洞。

道隐《南高峰》诗：

南北高峰两郁葱，朝朝滃浡海烟封。
极颠螺髻飞云栈，半岭峨冠怪石供。
三级浮屠巢老鹘，一泓清水豢痴龙。

倘思济胜烦携具，布袜芒鞋策短筇。

[译文]

南高峰在南北各个山峰的交界，羊肠小道弯弯曲曲，松林和竹林郁郁葱葱，若不是穿着登山的草鞋布袜，拄着竹杖，就不能爬上去。有座塔在南高峰的峰顶上面，是晋朝天福年间修建的，宋朝崇宁、乾道年间曾经两次重修。元朝末年遭到毁坏。以前有七级，现在仅存留有三级了。站在塔上向四周观望，向东边看时，平原上草木丛生，烟气消散太阳升起，西湖中的风景尽收眼底。俯视南边时，看到的是大江波涛起伏，流水湍急，暮霭间隐隐可以看到有船划过。西边连接岩穴，怪石嶙峋，洞穴深邃。旁边有瑞应像，精巧得如同鬼斧神工。向北边看可以看到丘陵土山，倾斜着曼延开来，栎树丛出，大麦连着天边的云彩。山顶有像峨冠的巨石屹立，名为先照坛，相传是道士镇压妖魔的地方。南高峰峰顶有钵盂潭、颍川泉，大旱时节也不会干涸，大雨的时候也不会满溢出来。钵盂潭旁边有白龙洞。

道隐《南高峰》诗:

南北高峰两郁葱，朝朝滃浡海烟封。
极颠螺髻飞云栈，半岭峨冠怪石供。
三级浮屠巢老鹘，一泓清水豢痴龙。
倘思济胜烦携具，布袜芒鞋策短筇。

烟霞石屋

繇太子湾南折而上为石屋岭。过岭为大仁禅寺，寺左为烟霞石屋。屋高厂虚明，行迤二丈六尺，状如轩榭，可布几筵。洞上周镌罗汉五百十六身。其底邃窄通幽，阴翳杳霭。侧有蝙蝠洞，蝙蝠大者如鸦，挂搭连牵，互衔其尾。粪作奇臭，古庙高梁，多受其累。会稽禹庙亦然。由山椒右旋为新庵，王予安亹、陈章侯洪绶尝读书其中。余往访之，见石如飞来峰，初经洗出，洁不去肤，隽不伤骨，一洗杨髡凿佛之惨。峭壁奇峰，忽露生面，为之大快。建炎间，里人避兵其内，数千人皆获免。岭下有水乐洞，嘉泰间为杨郡王别圃。垒石筑亭，结构精雅。年久芜秽不治，水乐绝响。贾秋壑以厚直得之，命寺僧深求水乐所以兴废者，不得其说。一日，秋壑往游，俯睨旁听，悠然有会，曰："谷虚而后能应，水激而后能响，今水潴其中，土壅其外，欲其发响，得乎？"亟命疏壅导潴，有声从洞涧出，节奏自然。二百年胜概，一日始复。乃筑亭，以所得东坡真迹刻置其上。

苏轼《水乐洞小记》：

钱塘东南有水乐洞，泉流岩中，皆自然宫商。又自灵隐、下天竺而上，至上天竺，溪行两山间，巨石磊磊如牛羊，其声空砻然，真若钟鼓，乃知庄生所谓天籁，盖无在不有也。

袁宏道《烟霞洞小记》：

烟霞洞，亦古亦幽，凉沁入骨，乳汁涔涔下。石屋虚明开朗，如一片云，欹侧而立，又如轩榭，可布几筵。余凡两过石屋，为佣奴所据，嘈杂若市，俱不得意而归。

张京元《石屋小记》：

石屋寺，寺卑下无可观。岩下石龛，方广十笏，遂以屋称。屋内，好事者置一石榻，可坐。四旁刻石像如傀儡，殊不雅驯。想以幽僻得名耳。出石屋西，上下山坡夹道皆丛桂，秋时着花，香闻数十里，堪称金粟世界。

又《烟霞寺小记》：

烟霞寺在山上，亦荒落，系中贵孙隆易创，颇新整。殿后开宕取土，石骨尽出，巉峭可观。由殿右稍上两三盘，经象鼻峰东折数十武，为烟霞洞。洞外小亭踞之，望钱塘如带。

李流芳《题烟霞春洞画》：

从烟霞寺山门下眺，林壑窈窕，非复人境。李花时尤奇，真琼林瑶岛也。犹记与闲孟、无际，自法相寺至烟霞洞，小憩亭子，渴甚，无从得酒。见两伧父携榼至，闲孟口流涎，遽从乞饮，伧父不顾。予辈大怪，偶见梁间恶诗书一板上，乃抉而掷之，伧父跄踉而走。念此辄喷饭不已也。

［译文］

从太子湾向南转而向上攀登就到了石屋岭。过了石屋岭是大仁禅寺，禅寺的左边是烟霞石屋。烟霞石屋在山边悬崖的岩穴处，清澈明亮，斜着有二丈六尺，形状像亭子，可以在这里摆桌设宴。洞的上面四周镌刻了五百一十六座罗汉像。洞的底部深邃狭窄，可以通往幽深僻静的地方，那里云雾缥缈。洞的边上有蝙蝠洞，蝙蝠大得像乌鸦，紧紧相连，互相咬着飞在前面蝙蝠的尾巴。蝙蝠的粪便奇臭无比，古庙的高梁上都受到沾染。会稽的禹庙也是这样。从山椒往右转是新庵，王亹、陈洪绶曾经在这里读书，我前往拜访他们，看到这里的山石像飞来峰的一样，就像刚被水洗过，清洁而不伤及皮肤，俊秀而不伤及筋骨，一洗飞来峰被杨髡胡乱凿刻佛像的惨象。陡峭的山崖、奇异的山峰，忽然让人耳目一新，大为高兴。宋高宗建炎年间，乡人在里边躲避兵乱，几千人得以幸免于难。石屋岭下有水乐洞，南宋嘉泰年间这里是杨郡王的别园。用石头建造的亭台，结构精致优雅。时间长了，无人管理而杂草丛生，水乐洞的水也不再有动听的声音了。贾似道以高价买到这片地方，让寺里的僧人找到水乐洞的水发出乐声的原因，最终没有找到。有一天，贾似道前往游玩，俯下身子侧着耳朵倾听，悠然有所体悟，说："山谷虚空而后才能发出回声，水流激荡而后才能发出声响，现在水积在里边，土堵在外边，想要发出美妙的声音，怎么可能做到呢？"马上让人把淤积的土和水疏导挖开，洞中的山涧里便发出水声，音节自然美妙。二百年的美景，一朝得到了恢复。于是他在这建造了一座亭子，把找到的苏东坡的真迹雕刻出来放在了上面。

苏轼的《水乐洞小记》中说：

钱塘的东南方有水乐洞，泉水从山岩中流出来，带着自然的音乐声。另外，从灵隐寺、下天竺寺向上攀登，爬上上天竺寺，溪水在两山间流淌，巨大的石头多得像牛羊一样，水流的声响像乐器奏出的声音一般，真的如同敲钟鸣鼓，才知道庄子所说的天籁之音，真是无处不在啊。

袁宏道的《烟霞洞小记》中说：

烟霞洞，古朴幽静，洞中清凉入骨，洞上的水流不断往下滴。烟霞石屋景色清澈明亮，让人豁然开朗，像一片云斜立着；又像一座亭子，可摆桌设宴。我曾经两次去寻访烟霞石屋，但都被佣奴占据，嘈杂得像集市一样，两次都没有能够尽兴而回。

张京元的《石屋小记》中说：

石屋寺，寺庙低矮，没有什么值得看的地方。岩下有一个石龛，有十个笏板那么大，于是就用“屋”来相呼。有好事者在屋里面放了一个石榻，可以坐下休息。四旁雕刻的石像如傀儡一样，一点都不雅致温柔。想来这里是因为幽静偏僻而得名的。从石屋出来往西走，上下山坡的小道两边种的都是桂花，秋天花开的时候，桂花的香气可以飘到几十里外，可以称为金粟的世界。

另外，张京元的《烟霞寺小记》中说：

烟霞寺在山上，也荒凉冷落了，是太监孙隆重新修葺的，颇为崭新完整。大殿后面开采岩石挖土，石骨全都露了出来，险峻陡峭，值得一看。从大殿的右边往上走两三盘山路，经过象鼻峰往东拐，走上几十步，就是烟霞洞。站在洞外的小亭子上远望，钱塘江就像腰带一样细。

李流芳的《题烟霞春洞画》中说：

站在烟霞寺的山门处往下面眺望，树林山谷深邃幽美，不像是人居住的地方。李花盛开的时候，尤为奇异，真是如同仙境一般。还记得我和闲孟、无际从法相寺到烟霞洞，在亭子里稍作休息，口渴得很，却没办法找酒喝。看到两个村夫带着酒具来，闲盂口水直流，急忙前去乞求喝一些酒，村夫头都不回。我们感到很奇怪。不经意间看到梁间有一块木板，上面写着拙劣的诗歌，于是拿起木板扔向村夫。村夫踉踉跄跄地跑了。每想到这件事就大笑不停。

高丽寺

高丽寺本名慧因寺，后唐天成二年，吴越钱武肃王建也。宋元丰八年，高丽国王子僧统义天入贡，因请净源法师学贤首教。元祐二年，以金书汉译《华严经》三百部入寺，施金建华严大阁，藏塔以尊崇之。元祐四年，统义天以祭奠净源为名，兼进金塔二座。杭州刺史苏轼疏言："外夷不可使屡入中国，以疏边防，金塔宜却弗受。"神宗从之。元延祐四年，高丽沈王奉诏进香幡经于此。至正末毁，洪武初重葺，俗称高丽寺，础石精工，藏轮宏丽，两山所无。万历间，僧如通重修。余少时从先宜人至寺烧香，出钱三百，命舆人推转轮藏，轮转呀呀，如鼓吹初作，后旋转熟滑，藏轮如飞，推者莫及。

［译文］

高丽寺本来叫作慧因寺，是在后唐天成二年，由吴越武肃王钱镠建造。宋朝元丰八年，高丽国的王子僧统义天前来朝贡，趁机拜见净源法师学习华严宗。元祐二年时，用泥金书写了三百部汉译《华严经》藏入寺庙，又施舍金钱建造了华严大阁藏塔来表示对华严宗的尊崇。元祐四年，僧统义天以祭奠净源法师的名义，进奉两座金塔。杭州刺史苏轼上书谏言说：“不能够让外夷屡次来访中国，以致因此疏忽了边防，最好拒绝接受他的金塔。”宋神宗听从了他的意见。元朝延祐四年，高丽国沈王奉旨进奉香幡、经书到这里。元朝至正末年，高丽寺遭到毁坏。明朝洪武初年，重新修建。人们俗称为高丽寺。石礅的工艺精巧，藏轮宏伟瑰丽，这在两山是没有的。明朝万历年间，僧人如通重新修整。我小时候跟随先母到寺里烧香，拿出三百香火钱，让仆役推转轮藏，轮藏转动发出的声音如同音乐刚刚开始演奏一样。后来转得越来越熟练，藏轮转得飞快，推转轮的人都跟不上了。

法相寺

法相寺俗称长耳相。后唐时，有僧法真，有异相，耳长九寸，上过于顶，下可结颐，号长耳和尚。天成二年，自天台国清、寒岩来游，钱武肃王待以宾礼，居法相院。至宋乾祐四年正月六日，无疾，坐方丈，集徒众，沐浴，趺跏而逝。弟子辈漆其真身，供佛龛，谓是定光佛后身。妇女祈求子嗣者，悬幡设供无虚日。以此法相名著一时。寺后有锡杖泉，水盆活石，僧厨香洁，斋供精良。寺前茭白笋，其嫩如玉，其香如兰，入口甘芳，天下无比。然须在新秋八月，余时不能也。

袁宏道《法相寺拜长耳和尚肉身戏题》：

轮相居然足，漆光与鉴新。神魂知也未，爪齿幻耶真。

古董休疑容，庄严不待人。饶他金与石，到此亦成尘。

徐渭《法相寺看活石》：

莲花不在水，分叶簇青山。径折虽能入，峰迷不待还。
取蒲量石长，问竹到溪湾。莫怪掩斜日，明朝恐未闲。

张京元《法相寺小记》：

法相寺不甚丽，而香火骈集。定光禅师长耳遗蜕，妇人谒之，以为宜男，争摩顶腹，漆光可鉴。寺右数十武，度小桥，折而上，为锡杖泉。涓涓细流，虽大旱不竭。经流处，僧置一砂缸，挹注供爨。久之，水土锈结，蒲生其上，厚几数寸，竟不见缸质，因名蒲缸。倘可铲置研池炉足，古董家不秦汉不道矣。

李流芳《题法相山亭画》：

去年在法相，有送友人诗云："十年法相松间寺，此日淹留却共君。忽忽送君无长物，半间亭子一溪云。"时与方回、孟旸避暑竹阁，连夜风雨，泉声轰轰不绝。又有题扇头小景一诗："夜半溪阁响，不知风雨歇。起视杳霭间，悠然见微月。"一时会心，不知作何语。今日展此，亦自可思也。壬子十月大佛寺倚醉楼灯下题。

[译文]

法相寺俗称为长耳相。后唐的时候，有一个法号叫法真的和尚，相貌奇异，耳朵有九寸长，上面超过头顶，下面连着腮，人们称之为"长耳和尚"。天成二年时，法真从天台山国清寒岩云游到这里，钱武肃王以宾礼相待，让他住在法相院。到宋太祖乾祐四年的正月初六这一天，法真的身体没有疾病，坐在方丈殿，聚集众徒，洗了澡后，双足交叠而圆寂。他的弟子们把他的真身涂上金漆，安置了佛龛来供奉，说他是定光佛的后身。前来祈求子嗣的妇女悬幡设供，每天都有。从此，法相寺闻名一时。寺庙后边有锡杖泉，水盆活石。庙里的厨房整洁有香气，做的斋饭供品都很精美。寺前有茭白笋，鲜嫩如玉，芳香如兰，入口甘甜，天下没有能够比得上的。但必须在新秋八月才能尝到，其他的时候则不能吃到。

袁宏道《法相寺拜长耳和尚肉身戏题》:

轮相居然足，漆光与鉴新。神魂知也未，爪齿幻耶真。

古董休疑容，庄严不待人。饶他金与石，到此亦成尘。

徐渭《法相寺看活石》:

莲花不在水，分叶簇青山。径折虽能入，峰迷不待还。

取蒲量石长，问竹到溪湾。莫怪掩斜日，明朝恐未闲。

张京元的《法相寺小记》中说:

法相寺不很华丽，但香火却很旺盛。定光禅师的长耳遗体在这里，妇人前来膜拜，认为可以生出男孩，都争着摸他的头顶和肚子，漆光亮得可以照人。从法相寺的右边走几十步远，走过小桥，转弯往上走，就到了锡杖泉。泉水涓涓细流，即使大旱也不会枯竭。泉水流经的地方，有和尚在这里放置了一个砂缸来取水做饭。时间长了，砂缸上水土锈结在一起。上边长起了蒲草，将近有好几寸厚，竟然都看不出缸的质地了，所以叫作“蒲缸”。如果把蒲草铲掉露出砚台或炉足的形状，那些古董家一定会说这是秦汉时的古物。

李流芳的《题法相山亭画》中说:

去年在法相寺，写了一首送友人的诗:“十年法相松间寺，此日淹留却共君。忽忽送君无长物，半间亭子一溪云。”当时我和方回、孟旸在竹阁避暑，连夜刮风下雨，泉水轰轰不绝于耳。还在扇头题写了一首写景小诗:“夜半溪阁响，不知风雨歇。起视杳霭间，悠然见微月。”一时会心，不知说什么好。今天展开这幅画，就可以想见当时的情景。壬子年十月，记于大佛寺倚醉楼灯下。

于坟

于坟，于少保公以再造功，受冤身死，被刑之日，阴霾翳天，行路踊叹。夫人流山海关，梦公曰:“吾形殊而魂不乱，独目无光明，借汝眼光见形于皇帝。”翌日，夫人丧其明。会奉天门灾，英庙临视，公形见火光中。上悯然念其忠，乃诏贷夫人归。又梦公还眼光，目复明也。公遗骸，都督陈逵密嘱瘗藏。继子冕请葬钱塘祖茔，得旨奉葬于此。成化二年，廷议始白。上遣行人马暶谕祭。其词略曰:“当国家之多难，保社稷以无虞；惟公道以自持，为权奸之所害。先帝已知其枉，而朕心实怜其忠。”弘治七年，赐谥曰“肃愍”，建祠曰“旌功”。万历十八年，改谥“忠肃”。四十二年，御使杨鹤为公增廓祠宇，庙貌巍焕，属云间陈继儒作碑记之。碑曰:“大抵忠臣为国，不惜死，亦不惜名。不惜死，然后有豪杰之敢；不惜名，然后有圣贤之闷。黄河之排山倒海，是其敢也；即能伏流地中万三千里，又能千里一曲，是其闷也。昔者土木之变，裕陵北狩，公痛哭抗疏，止南迁之议，召勤王之师。卤拥帝至大同，至宣府，至京城下，皆登城谢曰：‘赖天地宗社之灵，国有君矣。’此一见《左传》，楚人伏兵车，执宋公以伐宋。公子目夷令宋人应之曰：‘赖社稷之灵，国已有君矣。’楚人知虽执宋公，犹不得宋国，于是释宋公。又一见《廉颇传》，秦王逼赵王会渑池，廉颇送至境曰：‘王行，度道里会遇礼毕还，不过三十日，不还，则请立太子为王，以绝秦望。’又再见《王旦传》，契丹犯边，帝幸澶州。旦曰：‘十日之内，未有捷报，当何如？’帝默然良久，曰：‘立皇太子。’三者，公读书得力处也。由前言之，公为宋之目夷；由后言之，公不为廉颇、旦，何也？呜呼！茂陵之立而复废，废而后当立，谁不知之？公之识，岂出王直、李侃、朱英下？又岂出钟同、章纶下？盖公相时度势，有不当言者，有不必言者。当裕陵在卤，茂陵在储，拒父则卫辄，迎父则高宗，战不可，和不可，无一而可。为制卤地，此不当言也。裕陵既返，见济薨，郕王病，天人攸归，非裕陵而谁？又非茂陵而谁？明率百官，朝请复辟，直以遵晦待时耳，此不必言也。若徐有贞、曹、石夺门之举，乃变局，非正局；乃劫局，非迟局；乃纵横家局，非社稷大臣局也。或曰：盍去诸？呜呼！公何可去也。公在则裕陵安，而茂陵亦安。若公诤之，而公去之，则南宫之锢，不将烛影斧声乎？东宫之废后，不将宋之德昭乎？公虽欲调郕王之兄弟，而实密护吾君之父子，乃知回銮，公功；其他日得以复辟，公功也；复储亦公功也。人能见所见，而不能见所不见。能见者，豪杰之敢；不能见者，圣贤之闷。敢于任死，而闷于暴君，公真古大臣之用心也哉！”公祠既盛，而四方之祈梦至者接踵，而答如响。

王思任《吊于忠肃祠》诗：

涕割西湖水，于坟望岳坟。孤烟埋碧血，太白黯妖氛。
社稷留还我，头颅掷与君。南城得意骨，何处暮杨闻。

一派笙歌地，千秋寒食朝。白云心浩浩，黄叶泪萧萧。
天柱擎鸿社，人生付鹿蕉。北邙今古讳，几突丽山椒。

张溥《吊于忠肃》诗：

栝柏风严辞月明，至今两袖识书生。
青山魂魄分夷夏，白日须眉见太平。
一死钱塘潮尚怒，孤坟岳渚水同清。
莫言软美人如土，夜夜天河望帝京。

张岱《于少保祠》诗：

平生有力济危川，百二山河去复旋。
宗泽死心援北狩，李纲痛哭止南迁。
渑池立子还无日，社稷呼君别有天。
复辟南宫岂是夺，借公一死取貂蝉。
社稷存亡股掌中，反因罪案见精忠。
以君孤注忧王旦，分我杯羹归太公。
但使庐陵存外邸，自知冕服返桐宫。
属镂赐死非君意，曾道于谦实有功。

杨鹤《于坟华表柱铭》：

赤手挽银河，君自大名垂宇宙；
青山埋白骨，我来何处哭英雄。

又《正祠柱铭》：

千古痛钱塘，并楚国孤臣，白马江边，怒卷千堆夜雪；

两朝冤少保，同岳家父子，夕阳亭里，伤心两地风波。

董其昌《于少保祠柱铭》：

赖社稷之灵，国已有君，自分一腔抛热血；

竭股肱之力，继之以死，独留青白在人间。

张岱《于少保柱铭》：

宋室无谋，岁输卤数万币，和议既成，安得两宫归朔漠；

汉家斗智，幸分我一杯羹，挟求非计，不劳三寸返新丰。

张岱《定香桥小记》：

甲戌十月，携楚生住不系园看红叶。至定香桥，客不期而至者八人：南京曾波臣，东阳赵纯卿，金坛彭天锡，诸暨陈章侯，杭州杨与民、陆九、罗三，女伶陈素芝。余留饮。章侯携缣素为纯卿画古佛，波臣为纯卿写照，杨与民弹三弦子，罗三唱曲，陆九吹箫。与民复出寸许紫檀界尺，据小梧，用北调说《金瓶梅》一剧，使人绝倒。是夜，彭天锡与罗三、与民串本腔戏，妙绝；与楚生、素芝串调腔戏，又复妙绝。章侯唱村落小歌，余取琴和之，牙牙如语。纯卿笑曰："恨弟无一长，以侑兄辈酒。"余曰："唐装将军旻居丧，请吴道子画天宫壁度亡母。道子曰：'将军为我舞剑一回，庶因猛厉以通幽冥。'旻脱缞衣，缠结，上马驰骤，挥剑入云，高十数丈，若电光下射，执鞘承之，剑透室而入，观者惊栗。道子奋袂如风，画壁立就。章侯为纯卿画佛，而纯卿舞剑，正今日事也。”纯卿跳身起，取其竹节鞭，重三十斤，作胡旋舞数缠，大噱而罢。

[译文]

于坟是于谦的坟墓。太子少保于谦有再造国家的功劳，但是却蒙受着冤屈而死，他被行刑的那一天，阴云遮天蔽日，路上的行人都顿足叹息。于公的夫人被流放到山海关，梦到于谦说：“我的身体虽然被毁，但是魂魄并没有消散，唯独眼睛无法看见东西，现在借你的眼睛来用一下去面见皇帝。”第二天，于谦的夫人就失明了。适逢皇城奉天门发生火灾，英宗皇帝驾临视察，于谦在火光中现身。皇上悲伤地怀念起他的忠贞，于是下诏宽恕了他的夫人，让她回到京城。夫人又梦到于谦来还她的眼睛，于是又重见光明。于谦的遗骸，都督陈逵秘密让人掩埋掉了。于谦的继子于冕请求把于谦移葬到钱塘的祖坟上，得到圣旨奉命埋葬在了这里。成化二年时，廷臣讨论于谦的冤屈才得以昭雪。皇上派遣使者马暶前去宣旨祭祀。圣旨的大意是：“适逢国家多难之时，你保全国家太平无事；自己坚持公道，却被弄权的奸臣迫害。先帝已经知道了你是被冤枉的，但是我内心为你的忠心感到怜惜。”弘治七年，朝廷赐给于谦“肃愍”的谥号，并建造了一座名为“旌功”的祠庙。万历十八年，把谥号改为“忠肃”。万历四十二年，御史杨鹤为于谦扩建了祠庙，祠庙外观雄伟辉煌，并安排云间人陈继儒撰写碑文记载这件事。碑文上说：“大抵忠臣为了国家，不吝惜生命，也不吝惜名声。不吝惜生命，然后才有豪杰的勇敢；不吝惜名声，然后才有圣贤的隐忍。他的勇敢，就像黄河排山倒海一样。黄河在地下能够潜流一万三千里，又能一曲千里，这是它的隐忍。当年土木堡之变发生的时候，英宗亲征被俘，于谦痛哭着上书，劝阻向南迁都的动议，召集军队救援皇上。敌人挟持着英宗到达大同、宣府、京城下，于谦都登上城楼谢绝说：‘倚仗天地宗社神明的保佑，国家已经有了新的君主。’这种事第一次曾在《左传》中出现过：楚人埋伏了兵车，抓住了宋公来讨伐宋国。公子目夷让宋国人回应说：‘赖于社稷神灵的保佑，国家已经有新的国君了。’楚国人知道即使抓住了宋公，也不能得到宋国。于是就释放了宋公。还见于《史记·廉颇蔺相如列传》：秦王逼迫赵王在渑池相会。廉颇把赵王送到边境上说：‘大王您赶路，估计路上用的时间加上会见结束回来，不会超过三十天。如果过了三十天，大王还没有回来的话，就请允许我们拥立太子做赵王，来断绝秦国要挟的念头。’又见于《王旦传》：契丹进犯边境，皇帝驾临澶州。王旦说：‘十天之内，如果还没有得到胜利的消息，该怎么办？’皇上沉默了很久说：‘拥立皇太子做皇帝。’这三件事，是于谦读书时深受影响的地方。从前面的事来看，于谦就是宋国的目夷；从后面的事来看，于谦却不是廉颇、王旦一样的人，为什么呢？唉！英宗的儿子被拥立后又被废掉，被废掉后又当被拥立，谁不知道呢？于谦的见识，难道会不如王直、李侃、朱英吗？又岂会在钟同、章纶之下呢？大概是因为于谦当时审时度势，说了些不应当说、也不必说的话。当时英宗被俘虏，他的儿子宪宗被立为皇储，宪宗不接纳父亲就会成为卫辄，迎救父命就会成为宋高宗，打也不行，和也不行，无论怎么都不合适。为了控制敌人的地盘，这是不应当说的话。英宗返回京城以后，看到代宗的儿子济王去世，代宗生了重病，民心所向的天子，除了英宗还会有谁呢？除了宪宗还会有谁呢？光明正大地率领百官，上朝请求英宗复位，这只不过是退守待时，这是不必说的话。像徐有贞、曹吉祥、石亨发动的夺门之变，是变局，不是正局；是劫局，不是迟局；是纵横家局，不是社稷大臣的局。有人说：‘为什么不除掉这些人呢？’唉！于谦怎么可以除掉他们呢。于谦在，英宗就安全，而宪宗也安全。如果于谦除掉了他们，离开后，英宗被囚禁在南宫，难道不会发生赵光义杀兄夺位的事情吗？皇太子被废以后，难道不会重演宋朝时德昭王被杀的故事吗？于谦即使想调代宗的兄弟，实际上也是在秘密保护我们的国君父子，可见英宗能够回宫，是于谦的功劳；能够在后来复辟登基，也是于谦的功劳；又被立为储君也是于谦的功劳。人们能看到他所看见的，而看不到他见不到的事情。能看到的是豪杰的勇敢；而看不到的，则是圣贤的隐忍。敢以身任死，而在遇到暴君的时候选择隐忍，于谦真是有那些古代大臣的良苦用心啊！”于谦的祠庙香火兴盛后，四面八方来祭拜的人多得摩肩接踵，祈祷声就像回声一样绵绵不绝。

王思任《吊于忠肃祠》诗：

涕割西湖水，于坟望岳坟。孤烟埋碧血，太白黯妖氛。
社稷留还我，头颅掷与君。南城得意骨，何处暮杨闻。

一派笙歌地，千秋寒食朝。白云心浩浩，黄叶泪萧萧。
天柱擎鸿社，人生付鹿蕉。北邙今古讳，几突丽山椒。

张溥《吊于忠肃》诗：

栝柏风严辞月明，至今两袖识书生。
青山魂魄分夷夏，白日须眉见太平。
一死钱塘潮尚怒，孤坟岳渚水同清。
莫言软美人如土，夜夜天河望帝京。

张岱《于少保祠》诗：

平生有力济危川，百二山河去复旋。
宗泽死心援北狩，李纲痛哭止南迁。
渑池立子还无日，社稷呼君别有天。
复辟南宫岂是夺，借公一死取貂蝉。
社稷存亡股掌中，反因罪案见精忠。
以君孤注忧王旦，分我杯羹归太公。
但使庐陵存外邸，自知冕服返桐宫。
属镂赐死非君意，曾道于谦实有功。

杨鹤《于坟华表柱铭》：

赤手挽银河，君自大名垂宇宙；
青山埋白骨，我来何处哭英雄。

又《正祠柱铭》：

千古痛钱塘，并楚国孤臣，白马江边，怒卷千堆夜雪；
两朝冤少保，同岳家父子，夕阳亭里，伤心两地风波。

董其昌《于少保祠柱铭》：

赖社稷之灵，国已有君，自分一腔抛热血；
竭股肱之力，继之以死，独留青白在人间。

张岱《于少保柱铭》：

宋室无谋，岁输卤数万币，和议既成，安得两宫归朔漠；
汉家斗智，幸分我一杯羹，挟求非计，不劳三寸返新丰。

张岱的《定香桥小记》中说：

甲戌年的十月，我带着楚生住在不系园看红叶。到了定香桥，有朋友八人不期而至：南京的曾波臣，东阳的赵纯卿，金坛的彭天锡，诸暨的陈章侯，杭州的杨与民、陆九、罗三，女伶陈素芝。我留下来一块喝酒。章侯带着缣素画布，为纯卿画了一幅古佛像，波臣为纯卿画像，杨与民弹奏三弦，罗三唱曲，陆九吹箫。杨与民拿出一个一寸多的紫檀界尺，弹起琴来，用北调讲说《金瓶梅》，听了让人大笑。这天晚上，彭天锡和罗三、杨与民串演本腔戏，也非常精彩；与楚生、素芝串调腔戏，也是相当精彩。章侯唱着乡野小调，我拿来琴和他应和，轻声如语。纯卿笑着说："恨我没有一技之长，只好给诸位兄长倒酒助兴了。"我对他说道："唐装将军裴旻居丧期间，请吴道子给天宫寺画壁画超度死去的母亲。吴道子说：'将军为我舞一回剑吧，或许你剑舞得勇猛凌厉，能让我接通冥界。'于是裴旻脱掉丧服，穿上平时的衣裳，缠上绸结做装饰，骑马飞奔，左右舞剑，将剑一下抛到空中，有十几丈高，剑像电光一样射了下来，裴旻拿着剑鞘接着，剑直接穿进剑鞘。围观的人都吃惊战栗。吴道子随即挥动衣袖在墙上作画，衣袖挥舞像风刮过，一会儿就画完了。章侯为纯卿画佛像，纯卿可以舞剑，正在今天啊。"于是纯卿跳起来，拿来他那重达三十斤的竹节鞭，跳了几段胡旋舞，然后大笑着停止了。

风篁岭

风篁岭多苍筤筿簜，风韵凄清。至此林壑深沉，迥出尘表。

流淙活活，自龙井而下，四时不绝。岭故丛薄荒密。元丰中，僧辨才淬治洁楚，名曰“风篁岭”。苏子瞻访辨才于龙井，送至岭上，左右惊曰：“远公过虎溪矣。”辨才笑曰：“杜子有云：与子成二老，来往亦风流。”遂造亭岭上，名曰“过溪”，亦曰“二老”。子瞻记之，诗云：“日月转双毂，古今同一丘。惟此鹤骨老，凛然不知秋。去住两无碍，人土争挽留。去如龙出水，雷雨卷潭湫。来如珠还浦，鱼鳖争骈头。此生暂寄寓，常恐名实浮。我比陶令愧，师为远公优。送我过虎溪，溪水当逆流。聊使此山人，永记二老游。”

李流芳《风篁岭》诗：

林壑深沉处，全凭篆[illegible]迷。片云藏屋里，二老到云栖。
学士留龙井，远公过虎溪。烹来石岩白，翠色映玻璃。

［译文］

风篁岭上有很多竹林，风韵凄凉冷清。到了这里，就感到树林和山谷很幽深，远离世俗。淙淙的流水，从龙井流下，一年四季都不断绝。所以风篁岭的草丛茂密芜蔓。宋朝元丰年间，辨才和尚经过艰苦的整治，把这里的灌木清理干净，将其命名为“风篁岭”。苏轼到龙井来拜访辨才，辨才送苏轼到风篁岭上，侍从们都惊呼道：“远公走过虎溪啦。”辨才笑着说：“杜甫曾说，与子成二老，来往亦风流。”于是辨才在风篁岭上修造了一座亭子，命名为“过溪亭”，也叫作“二老亭”。苏轼写了一首诗记录了这件事：“日月转双毂，古今同一丘。惟此鹤骨老，凛然不知秋。去住两无碍，人土争挽留。去如龙出水，雷雨卷潭湫。来如珠还浦，鱼鳖争骈头。此生暂寄寓，常恐名实浮。我比陶令愧，师为远公优。送我过虎溪，溪水当逆流。聊使此山人，永记二老游。”

李流芳《风篁岭》诗：

林壑深沉处，全凭篆簜迷。片云藏屋里，二老到云栖。
学士留龙井，远公过虎溪。烹来石岩白，翠色映玻璃。

龙井

南山上下有两龙井。上为老龙井，一泓寒碧，清冽异常，弃之丛薄间，无有过而问之者。其地产茶，遂为两山绝品。再上为天门，可通三竺。南为九溪，路通徐村，水出江干。其西为十八涧，路通月轮山，水出六和塔下。龙井本名延恩衍庆寺。唐乾祐二年，居民募缘改造为报国看经院。宋熙宁中，改寿圣院，东坡书额。绍兴三十一年，改广福院。淳祐六年，改龙井寺。元丰二年，辨才师自天竺归老于此，不复出，与苏子瞻、赵阅道友善。后人建三贤阁祀之，岁久寺圮。万历二十三年，司礼孙公重修，构亭轩，筑桥，锹浴龙池，创霖雨阁，焕然一新，游人骈集。

［译文］

南山上下有两处叫龙井的地方。上边的是老龙井，井水寒冷碧绿，清澈甘冽，异于别处的水，被遗忘在茂密的草丛中，路过的人无人寻访。这里盛产茶叶，成为两山的绝品。再往上是天门，可去往上天竺、中天竺和下天竺三座寺庙。南边是九溪，道路通往徐村，水源出自江干。西边是十八涧，道路通往月轮山，水出自六和塔的下面。龙井这里本来是延恩衍庆寺。后汉乾祐二年，在此居住的民众募集资金在这里建造了报国看经院。宋朝熙宁年间，改为寿圣院，苏东坡题写了匾额。绍兴三十一年，改为广福院。淳祐六年，改为龙井寺。元丰二年，辨才和尚从天竺寺回到这里并在这里终老，不再出山，他和苏东坡、赵阅道交好。后人修建了一座三贤阁供奉他们，时间长了，龙井寺倒塌衰败了。万历二十三年，司礼监孙公重新修建了龙井寺，建造了亭轩、桥梁，开挖浴龙池，建造了霖雨阁，使这里焕然一新，游人慢慢聚集到这里游览。

一片云

神运石在龙井寺中，高六尺许，奇怪突兀，特立檐下。有木香一架，穿绕窍窦，蟠若龙蛇。正统十三年，中贵李德驻龙井。天旱，令力士淘之。初得铁牌二十四、玉佛一座、金银一锭，凿大宋元丰年号。后得此石，以八十人舁起之。上有“神运”二字，旁多款识，漶漫不可读，不知何代所镌，大约皆投龙以祈雨者也。风篁岭上有一片云石，高可丈许，青润玲珑，巧若镂刻。松磴盘屈，草莽间有石洞，堆砌工致巉岩。石后有片云亭，为司礼孙公所构，设石棋枰于前，上镌“兴来临水敲残月，谈罢吟风倚片云”之句。游人倚徙，不忍遽去。

秦观《龙井题名记》:

元丰二年，中秋后一日，余自吴兴来杭，东还会稽。龙井有辨才大师，以书邀余入山。比出郭，日已夕，航湖至普宁，遇道人参寥，问龙井所遣篮舆，则曰:“以不时至，去矣。” 是夕，天宇开霁，林间月明，可数毫发。遂弃舟，从参寥策杖并湖而行。出雷峰，度南屏，濯足于惠因涧，入灵石坞，得支径上风篁岭，憩于龙井亭，酌泉据石而饮之。自普宁凡经佛寺十五，皆寂不闻人声。道旁庐舍，灯火隐显，草木深郁，流水激激悲鸣，殆非人间之境。行二鼓，始至寿圣院，谒辨才于朝音堂，明日乃还。

张京元《龙井小记》:

过风篁岭，是为龙井，即苏端明、米海岳与辨才往来处也。寺北向，门内外修竹琅琅。井在殿左，泉出石罅，甃小园池，下复为方池承之。池中各有巨鱼，而水无腥气。池淙淙下泻，绕寺门而出。小坐，与惜亭玩一片云石。山僧汲水供茗，泉味色俱清。僧容亦枯寂，视诸山迥异。

王穉登《龙井诗》:

深谷盘回入，灵泉觱沸流。隔林先作雨，到寺不胜秋。
古殿龙王在，空林鹿女游。一尊斜日下，独为古人留。

袁宏道《龙井》诗:

都说今龙井，幽奇逾昔时。路迂迷旧处，树古失名儿。
渴仰鸡苏佛，乱参玉版师。破筒分谷水，芰草出秦碑。
数盘行井上，百计引泉飞。画壁屯云族，红栏蚀水衣。
路香茶叶长，畦小药苗肥。宏也学苏子，辨才君是非。

张岱《龙井柱铭》：

夜壑泉归，渥洼能致千岩雨；

晓堂龙出，崖石皆为一片云。

［译文］

神运石在龙井寺里，有六尺多高，奇形怪状，非常突兀，单独放置在寺庙的屋檐下面。有一架木香，从神运石上的孔中穿过，就像龙蛇一样盘曲。正统十三年，太监李德驻守龙井寺。天气大旱，他命令力气大的人士挖井。一开始就挖到了二十四个铁牌、一座玉佛、一锭金银，上面刻有大宋元丰的年号。后来挖到这块石头，八十个人才把石头抬了起来。上面有“神运”两个字，旁边的款识都已经模糊不清，漶漫无法辨认，不知是哪个年代刻上去的，大概都是为了祈祷下雨而做的法事投下的。风篁岭上有一块叫作“一片云”的石头，一丈多高，色青而润泽，像是雕刻成的一样。松树坂道盘曲折而上，丛生的杂草后面有一个石洞，山石堆砌得险峻而陡峭。石头后边有一座片云亭，是司礼监孙公所建造，亭内设有石头做的棋盘，上面刻着“兴来临水敲残月，谈罢吟风倚片云”的句子。游人在这里流连徘徊，不忍心马上离开。

秦观的《龙井题名记》中说：

元丰二年，八月十六日，我从吴兴来杭州，往东走回会稽。龙井的辨才大师，写信邀请我进山游览。等到出了城郭，太阳已经西落，我坐船到了普宁，途中遇到参寥，我问辨才大师派来的竹轿在哪里，参寥说：“你没有按时到达，轿夫已经离开了。”这天晚上，天空晴朗，树林间的月光皎洁明亮，纤毫毕见。我于是下了船，跟着参寥拄着竹杖沿着湖边走。出了雷峰，经过南屏，在惠因涧洗了洗脚，进入灵石坞，由一条小路登上了风篁岭，在龙井亭休息了一会儿，靠着山石舀了泉水就喝。从普宁到龙井亭一共经过十五座佛寺，都十分寂静，听不到人的声音。路边的屋舍，灯火忽明忽暗，草木长得葱葱郁郁，水流湍急，像在悲声鸣叫，大概不是人间的境地。我们走到二更天的时候，才到了寿圣院，在朝音堂拜谒了辨才和尚，第二天就回去了。

张京元的《龙井小记》中说：

过了风篁岭，就是龙井，这里便是苏轼、米芾和辨才大师交往的地方。寺的北边，门内门外都是高高的茂密的竹林。龙井在大殿的左边，有泉水从岩石的缝隙中流出来，这里砌了一座小园池，下边有一座方池相接。水池中都有大鱼，但是水却闻不到腥气。池中的水淙淙地往下流，绕着寺门流了出来。在这坐了一小会儿，和偕亭赏玩一块云石。山里的和尚取来泉水煮茶，茶水的味道、颜色都很清淡。和尚的脸上显出枯寂之色，和周围的山色相比有很大不同。

王穉登《龙井诗》：

深谷盘回入，灵泉觱沸流。隔林先作雨，到寺不胜秋。
古殿龙王在，空林鹿女游。一尊斜日下，独为古人留。

袁宏道《龙井》诗：

都说今龙井，幽奇逾昔时。路迂迷旧处，树古失名儿。
渴仰鸡苏佛，乱参玉版师。破筒分谷水，芟草出秦碑。

数盘行井上，百计引泉飞。画壁屯云族，红栏蚀水衣。
路香茶叶长，畦小药苗肥。宏也学苏子，辨才君是非。

张岱《龙井柱铭》：

夜壑泉归，渥洼能致千岩雨；
晓堂龙出，崖石皆为一片云。

九溪十八涧

九溪在烟霞岭西，龙井山南。其水屈曲洄环，九折而出，故称九溪。其地径路崎岖，草木蔚秀，人烟旷绝，幽阒静悄，别有天地，自非人间。溪下为十八涧，地故深邃，即缁流非遗世绝俗者，不能久居。按志，涧内有李岩寺、宋阳和王梅园、梅花径等迹，今都湮没无存。而地复辽远，僻处江干，老于西湖者，各名胜地，寻讨无遗，问及九溪十八涧，皆茫然不能置对。

李流芳《十八涧》诗：

己酉始至十八涧，与孟旸、无际同到徐村第一桥，饭于桥上。溪流淙然，山势回合，坐久不能去。予有诗云："溪九涧十八，到处流活活。我来三月中，春山雨初歇。奔雷与飞霰，耳目两奇绝。悠然向溪坐，况对山嵯嵲。我欲参云栖，此中解脱法。善哉汪子言，闲心随水灭。"无际亦有和余诗，忘之矣。

[译文]

九溪在烟霞岭的西边，龙井山的南边。这里的溪水弯曲回旋，转了九道弯才流出来，所以称之为九溪。这里的小路崎岖难走，草木茂密，没有人迹，静寂清幽，别具天地，显然不是人间所有。溪下是十八涧，环境幽静深邃，即使是出家人，没有超凡脱俗的人不能长时间住在这里。据方志记载，涧内有李岩寺、宋阳和王梅园、梅花径等古迹，现在都湮没不存在了。这里又远离城镇，地处偏僻，熟悉西湖的人，各处名胜都遍寻无遗，但是若问到九溪十八涧，都茫然不知道怎么回答。

李流芳《十八涧》诗：

己酉年，我第一次来到十八涧，和孟旸、无际一起到了徐村第一桥，并在桥上吃了饭。溪水淙淙，山势起伏，我们坐了很久不愿离开。我写了一首诗："溪九涧十八，到处流活活。我来三月中，春山雨初歇。奔雷与飞霰，耳目两奇绝。悠然向溪坐，况对山嵯嵲。我欲参云栖，此中解脱法。善哉汪子言，闲心随水灭。"无际也写诗和我相唱和，但是我忘记了诗的内容。

卷五　西湖外景

西溪

粟山高六十二丈，周回十八里二百步。山下有石人岭，峭拔凝立，形如人状，双髻耸然。过岭为西溪，居民数百家，聚为村市。相传宋南渡时，高宗初至武林，以其地丰厚，欲都之。后得凤凰山，乃云："西溪且留下。"后人遂以名。地甚幽僻，多古梅，梅格短小，屈曲槎桠，大似黄山松。好事者至其地，买得极小者，列之盆池，以作小景。其地有秋雪庵，一片芦花，明月映之，白如积雪，大是奇景。余谓西湖真江南锦绣之地，入其中者，目厌绮丽，耳厌笙歌，欲寻深溪盘谷可以避世如桃源、菊水者，当以西溪为最。余友江道闇有精舍在西溪，招余同隐。余以鹿鹿风尘，未能赴之，至今犹有遗恨。

王稺登《西溪寄彭钦之书》：

留武林十日许，未尝一至湖上，然遂穷西溪之胜。舟车程并十八里，皆行山云竹霭中，衣袂尽绿。桂树大者，两人围之不尽。树下花覆地如黄金，山中人缚帚扫花售市上，每担仅当脱粟之半耳。往岁行山阴道上，大叹其佳，此行似胜。

李流芳《题西溪画》：

壬子正月晦日，同仲锡、子与自云栖翻白沙岭至西溪。夹路修篁，行两山间，凡十里，至永兴寺。永兴山下夷旷，平畴远村，幽泉老树，点缀各各成致。自永兴至岳庙又十里，梅花绵亘村落，弥望如雪，一似余家西碛山中。是日，饭永兴，登楼啸咏。夜还湖上小筑，同孟旸、印持、子将痛饮。翼日出册子画此。癸丑十月乌镇舟中题。

杨蟠《西溪》诗：

为爱西溪好，长忧溪水穷。山源春更落，散入野田中。

王思任《西溪》诗：

一岭透天目，千溪叫雨头。石云开绣壁，山骨洗寒流。
鸟道苔衣滑，人家竹语幽。此行不作路，半武百年游。

张岱《秋雪庵》诗：

古宕西溪天下闻，辋川诗是纪游文。
庵前老荻飞秋雪，林外奇峰耸夏云。
怪石棱层皆露骨，古梅结屈止留筋。
溪山步步堪盘礴，植杖听泉到夕曛。

［译文］

粟山有六十二丈高，周长有十八里二百步。山下有石人岭，陡峭挺拔，静静矗立，外观像人的形状，两座山峰像是人的发髻。过了石人岭就是西溪，在这里居住的有几百户人家，聚集在一起形成了村落和集市。相传宋朝南渡的时候，宋高宗刚到杭州时，看这里物产丰富，想要在这里建都。后来看到凤凰山时，就说："西溪暂且留下。"后人就以西溪命名这里。西溪所处清幽僻静，有很多古梅，梅树的枝杈短小，弯曲密集交错，很像黄山的松树。喜欢游玩的人来到这里，买一些极小的梅花，栽种在花盆或者花池里，作为小小的风景。这里有一座秋雪庵，种有一大片芦花，在明月的照映下，如同积雪一样白，真是奇妙的景象。我说西湖真的是江南秀美的地方，来到这里的人，满眼都是绮丽的景色，耳朵所听都是笙歌的乐声。想要寻找像桃源、菊水那样可以避世的深幽的溪流或迂回的山谷，西溪可以作为最合适的选择。我的朋友江道闇在西溪有精舍，他邀请我一同归隐。我因留恋滚滚的尘俗，未能前去，到现在还感到遗憾。

王稺登的《西溪寄彭钦之书》中说：

在武林待了十天左右，西湖一次也没有去，但是却看完了西溪的好风景。搭船、乘车共有十八里的路程，都是在山云竹霭中行走，衣服变成了绿色。大的桂树，两人合抱都围不住。桂花落在地上，像是铺了一层黄金，山里人扎扫把将桂花归拢，在集市上卖，每担仅卖得糙米市价的一半。前些年我在山阴道上行走，非常感叹那里风景的秀美。这回来到西溪，景色比原来看到的更好。

李流芳写的《题西溪画》中说：

壬子年正月末一天，我和仲锡、子与从云栖翻越白沙岭到了西溪。道路两旁都是长长的竹林。在两山之间行走，共走了十里地，到达永兴寺。永兴山下平坦开阔，平整的田野和远处的村落、幽深的泉水和古老的树木，点缀其间各成景致。从永兴到岳庙又走了十里，梅花在村落间绵延生长，满眼望去像雪一样，很像在我家西碛山里一样。这一天，在永兴吃了饭，登楼高歌长啸。晚上回到湖上的小筑，同孟旸、印持、子将痛快地喝酒。第二天，拿出图册画下这幅画。癸丑年十月写于乌镇的舟中。

杨蟠《西溪》诗：

为爱西溪好，长忧溪水穷。山源春更落，散入野田中。

王思任《西溪》诗：

一岭透天目，千溪叫雨头。石云开绣壁，山骨洗寒流。
鸟道苔衣滑，人家竹语幽。此行不作路，半武百年游。

张岱《秋雪庵》诗：

古宕西溪天下闻，辋川诗是纪游文。
庵前老荻飞秋雪，林外奇峰耸夏云。
怪石棱层皆露骨，古梅结屈止留筋。
溪山步步堪盘礴，植杖听泉到夕曛。

虎跑泉

虎跑寺本名定慧寺，唐元和十四年性空师所建。宪宗赐号曰广福院。大中八年改大慈寺，僖宗乾符三年加“定慧”二字，宋末毁。元大德七年重建，又毁。明正德十四年，宝掌禅师重建。嘉靖十九年又毁，二十四年，山西僧永果再造。今人皆以泉名其寺云。先是，性空师为蒲坂卢氏子，得法于百丈海，来游此山，乐其灵气郁盘，栖禅其中，苦于无水，意欲他徙，梦神人语曰：“师毋患水，南岳有童子泉，当遣二虎驱来。”翼日，果见二虎跑地出泉，清香甘冽。大师遂留。明洪武十一年，学士宋濂朝京，道山下。主僧邀濂观泉，寺僧披衣同举梵咒，泉觱沸而出，空中雪舞。濂心异之，为作铭以记。城中好事者取以烹茶，日去千担。寺中有调水符，取以为验。

苏轼《虎跑泉》诗：

亭亭石榻东峰上，此老初来百神仰。
虎移泉眼趋行脚，龙作浪花供抚掌。
至今游人灌濯罢，卧听空阶环玦响。
故知此老如此泉，莫作人间去来想。

袁宏道《虎跑泉》诗：

竹林松涧净无尘，僧老当知寺亦贫。
饥鸟共分香积米，枯枝常足道人薪。
碑头字识开山偈，炉里灰寒护法神。
汲取清泉三四盏，芽茶烹得与尝新。

[译文]

虎跑寺本来叫作定慧寺，唐朝元和十四年由性空大师修建。唐宪宗赐号为广福院。唐朝大中八年，改名为大慈寺，唐僖宗乾符三年加上了“定慧”两个字。宋朝末年被毁掉。元朝大德七年重新修建。后来又被毁掉。明朝正德十四年，由宝掌禅师重新修建。嘉靖十九年又遭到毁坏。嘉靖二十四年，由山西的和尚永果再次修建。现在的人都用泉水的名字来命名这座寺庙。在此之前，性空大师是山西蒲坂卢氏的儿子，在百丈海悟道，来到这座山游览，喜爱这座山上氤氲蒸腾的灵气，于是在这座山里坐禅修行。苦于没有水源，性空大师想要迁往别的地方。某日梦到神仙对他说：“大师您不要担心没有水源，南岳有一汪童子泉，我会派两只老虎把泉水引过来。”第二天，果然看到两只老虎在地上刨出了泉水，泉水清香甘冽。性空大师于是留了下来。明朝洪武十一年，学士宋濂进京朝拜，从山下面经过。寺院住持邀请宋濂观赏这眼泉水，和尚们一起诵读经文，泉水汩汩流出，空中雪花飞舞。宋濂感到很奇异，为他们写了一篇铭文来记录这件事。城中的好事者来取泉水煮茶，每天能取走一千担。寺中有调水符，用来作为取水的凭证。

苏轼《虎跑泉》诗：

亭亭石榻东峰上，此老初来百神仰。
虎移泉眼趋行脚，龙作浪花供抚掌。
至今游人灌濯罢，卧听空阶环玦响。
故知此老如此泉，莫作人间去来想。

袁宏道《虎跑泉》诗：

竹林松涧净无尘，僧老当知寺亦贫。
饥鸟共分香积米，枯枝常足道人薪。
碑头字识开山偈，炉里灰寒护法神。
汲取清泉三四盏，芽茶烹得与尝新。

凤凰山

唐宋以来，州治皆在凤凰山麓。南渡驻辇，遂为行宫。东坡云“龙飞凤舞入钱塘”，兹盖其右翅也。自吴越以逮南宋，俱于此建都，佳气扶舆，萃于一脉。元时惑于杨髡之说，即故宫建立五寺，筑镇南塔以厌之，而兹山到今落寞。今之州治，即宋之开元故宫，乃凤凰之左翅也。明朝因之，而官司藩臬皆列左方，为东南雄会。岂非王气移易，发泄有时也。故山川坛、八卦田、御教场、万松书院、天真书院，皆在凤凰山之左右焉。

苏轼《题万松岭惠明院壁》：

余去此十七年，复与彭城张圣途、丹阳陈辅之同来。院僧梵英，葺治堂宇，比旧加严洁。茗饮芳烈，问："此新茶耶？"英曰："茶性，新旧交则香味复。"余尝见知琴者，言琴不百年，则桐之生意不尽，缓急清浊，常与雨旸寒暑相应。此理与茶相近，故并记之。

徐渭《八仙台》诗：

南山佳处有仙台，台畔风光绝素埃。
嬴女只教迎凤入，桃花莫去引人来。
能令大药飞鸡犬，欲傍中央剪草莱。
旧伴自应寻不见，湖中无此最深隈。

袁宏道《天真书院》诗：

百尺颓墙在，三千旧事闻。野花粘壁粉，山鸟煽炉温。
江亦学之字，田犹画卦文。儿孙空满眼，谁与荐荒芹？

［译文］

从唐宋时期以来，杭州的治所都在凤凰山麓。宋朝南渡时，皇帝的车驾在这里停留，于是这里就成了皇帝的行宫。苏东坡的诗里说“龙飞凤舞入钱塘”，这里大概就是凤凰山的右翅。从吴越到南宋，都在这里建都，祥瑞之气在这里徘徊聚拢。元朝时，皇帝受杨髡的说法蛊惑，在原来的宫殿旧址建造了五座寺院，并修建镇南塔来压制它，现在这座凤凰山日渐没落。现在杭州的治所，就是宋代的开元故宫，是凤凰山的左翅。明朝沿袭旧例，百官衙门都在左边，是东南一带繁盛的交汇之处。难道不是因为帝王之气转移变动，隐现有时吗？所以山川坛、八卦田、御教场、万松书院、天真书院，都被建造在凤凰山的左右两边。

苏轼的《题万松岭惠明院壁》中说：

我离开这里十七年，又和彭城张圣途、丹阳陈辅之一块儿前来。慧明院的和尚梵英，修治寺院的大殿房屋，比以前更加干净整洁。茶水芳香浓烈，我问道：“这是新茶吗？”梵英回答说：“茶的特性，是新茶旧茶相接的时候香味会更浓。”我曾经见过一个懂琴的人，说琴不超过一百年，桐木就有不尽的生命力，琴声的急缓清浊，常常和阴晴寒暑相对应。这个道理和茶理相近，所以一并记了下来。

徐渭《八仙台》诗：

南山佳处有仙台，台畔风光绝素埃。
嬴女只教迎凤入，桃花莫去引人来。
能令大药飞鸡犬，欲傍中央剪草莱。
旧伴自应寻不见，湖中无此最深隈。

袁宏道《天真书院》诗：

百尺颓墙在，三千旧事闻。野花粘壁粉，山鸟煽炉温。

江亦学之字，田犹画卦文。儿孙空满眼，谁与荐荒芹？

宋大内

《宋元拾遗记》：高宗好耽山水，于大内中更造别院，曰小西湖。自逊位后，退居是地，奇花异卉，金碧辉煌，妇寺宫娥充斥其内，享年八十有一。按钱武肃王年亦八十一，而高宗与之同寿，或曰高宗即武肃后身也。《南渡史》又云："徽宗在汴时，梦钱王索还其地，是日即生高宗，后果南渡，钱王所辖之地，尽属版图。畴昔之梦，盖不爽矣。"元兴，杨琏真伽坏大内以建五寺，曰报国，曰兴元，曰般若，曰仙林，曰尊胜，皆元时所建。按志，报国寺即垂拱殿，兴元即芙蓉殿，般若即和宁门，仙林即延和殿，尊胜即福宁殿。雕梁画栋，尚有存者。白塔计高二百丈，内藏佛经数十万卷，佛像数千，整饰华靡。取宋南渡诸宗骨殖，杂以牛马之骼，压于塔下，名以"镇南"。未几为雷所击，张士诚寻毁之。

谢皋羽《吊宋内》诗：

复道垂杨草乱交，武林无树是前朝。
野猿引子移来宿，搅尽花间翡翠巢。

隔江风雨动诸陵，无主园林草自春。
闻说光尧皆堕泪，女官犹是旧宫人。

紫宫楼阁逼流霞，今日凄凉佛子家。
寒照下山花雾散，万年枝上挂袈裟。

禾黍何人为守阍，落花台殿暗销魂。
朝元阁下归来燕，不见当时鹦鹉言。

黄晋卿《吊宋内》诗：

沧海桑田事渺茫，行逢遗老叹荒凉。
为言故国游麋鹿，漫指空山号凤凰。
春尽绿莎迷辇道，雨多苍翠上宫墙。
遥知汴水东流畔，更有平芜与夕阳。

赵孟頫《宋内》诗：

东南都会帝王州，三月莺花非旧游。
故国金人愁别汉，当年玉马去朝周。
湖山靡靡今犹在，江水茫茫只自流。
千古兴亡尽如此，春风麦秀使人愁。

刘基《宋大内》诗：

泽国繁华地，前朝此建都。青山弥百粤，白水入三吴。
艮岳销王气，坤灵肇帝图。两宫千里恨，九子一身孤。
设险凭天堑，偷安负海隅。云霞行殿起，荆棘寝园芜。
币帛敦和议，弓刀抑武夫。但闻当宁奏，不见立廷呼。
鬼蜮昭华衮，忠良赐属镂。何劳问社稷，且自作欢娱。
秔稻来吴会，龟鼋出巨区。至尊巍北阙，多士乐西湖。
鹢首驰文舫，龙鳞舞绣襦。暖波摇襞积，凉月浸氍毹。

紫桂秋风老，红莲晓露濡。巨螯擎拥剑，香饭漉雕胡。
蜗角乾坤大，鳌头气势殊。秦庭迷指鹿，周室叹瞻乌。
玉马违京辇，铜驼掷路衢。含容天地广，养育羽毛俱。
橘柚驰包贡，涂泥赋上腴。断犀埋越棘，照乘走隋珠。
吊古江山在，怀今岁月逾。鲸鲵空渤澥，歌咏已唐虞。
鸱革愁何极，羊裘钓不迂。征鸿暮南去，回首忆莼鲈。

［译文］

《宋元拾遗记》里说：宋高宗喜欢沉溺于山水，在皇宫里面另外又建造了别院，取名为小西湖。自从退位以后，便居住在这里，奇花异草，金碧辉煌，里面有很多太监宫女，宋高宗享年八十一岁。钱武肃王钱镠也活了八十一岁，高宗和他活得一样长，有人说宋高宗就是钱武肃王钱镠的后身。《南渡史》又说：宋徽宗在汴京的时候，梦到钱镠向他要回吴越之地，这一天宋高宗就降生了。后来果然南渡，钱武肃王以前管辖的地盘，全都收到自己的版图里面。以前做的梦，一点都没有差错。元朝兴起后，杨琏真伽破坏掉皇宫的建筑并在里面修建了五座寺庙，分别是：报国寺、兴元寺、般若寺、仙林寺、尊胜寺，都是元朝时建造的。根据地方志记载，报国寺就建在原来的垂拱殿，兴元寺就建在原来的芙蓉殿，般若寺就建在原来的和宁门，仙林寺就建在原来的延和殿，尊胜寺就建在原来的福宁殿。雕梁画栋，现在还有留存下来的。白塔有二百丈高，里面收藏有几十万卷的佛经，数千尊佛像，装修华美奢侈。取来宋朝南渡以后的各个宗派大师的尸骨，并夹杂一些牛马的骨头，压在白塔的下面，叫作镇南塔。不久之后，塔被雷击中，张士诚很快就毁掉了它。

谢皋羽《吊宋内》诗：

复道垂杨草乱交，武林无树是前朝。
野猿引子移来宿，搅尽花间翡翠巢。

隔江风雨动诸陵，无主园林草自春。
闻说光尧皆堕泪，女官犹是旧宫人。

紫宫楼阁逼流霞，今日凄凉佛子家。
寒照下山花雾散，万年枝上挂袈裟。

禾黍何人为守阍，落花台殿暗销魂。
朝元阁下归来燕，不见当时鹦鹉言。

黄晋卿《吊宋内》诗：

沧海桑田事渺茫，行逢遗老叹荒凉。
为言故国游麋鹿，漫指空山号凤凰。
春尽绿莎迷辇道，雨多苍翠上宫墙。
遥知汴水东流畔，更有平芜与夕阳。

赵孟頫《宋内》诗：

东南都会帝王州，三月莺花非旧游。
故国金人愁别汉，当年玉马去朝周。
湖山靡靡今犹在，江水茫茫只自流。
千古兴亡尽如此，春风麦秀使人愁。

刘基《宋大内》诗:

泽国繁华地，前朝此建都。青山弥百粤，白水入三吴。
艮岳销王气，坤灵肇帝图。两宫千里恨，九子一身孤。
设险凭天堑，偷安负海隅。云霞行殿起，荆棘寝园芜。
币帛敦和议，弓刀抑武夫。但闻当宁奏，不见立廷呼。
鬼蜮昭华衮，忠良赐属镂。何劳问社稷，且自作欢娱。
秔稻来吴会，龟鼋出巨区。至尊巍北阙，多士乐西湖。
鹢首驰文舫，龙鳞舞绣襦。暖波摇襞积，凉月浸氍毹。
紫桂秋风老，红莲晓露濡。巨螯擎拥剑，香饭漉雕胡。
蜗角乾坤大，鳌头气势殊。秦庭迷指鹿，周室叹瞻乌。
玉马违京辇，铜驼掷路衢。含容天地广，养育羽毛俱。
橘柚驰包贡，涂泥赋上腴。断犀埋越棘，照乘走隋珠。
吊古江山在，怀今岁月逾。鲸鲵空渤澥，歌咏已唐虞。
鸱革愁何极，羊裘钓不迂。征鸿暮南去，回首忆莼鲈。

梵天寺

梵天寺在山川坛后，宋乾德四年，钱吴越王建，名南塔。治平十年，改梵天寺。元元统中毁，明永乐十五年重建。有石塔二、灵鳗井、金井。先是，四明阿育王寺有灵鳗井。武肃王迎阿育王舍利归梵天寺奉之，凿井南廊，灵鳗忽见，僧赞有记。东坡倅杭时，寺僧守诠住此。东坡过访，见其壁间诗有:“落日寒蝉鸣，独归林下寺。柴扉夜未掩，片月随行履。惟闻犬吠声，又入青萝去。”东坡援笔和之曰:“但闻烟外钟，不见烟中寺。幽人行未已，草露湿芒履。惟应山头月，夜夜照来去。”清远幽深，其气味自合。

苏轼《梵天寺题名》：

余十五年前，杖藜芒履，往来南北山。此间鱼鸟皆相识，况诸道人乎！再至惘然，皆晚生相对，但有怆恨。子瞻书。

元祐四年十月十七日，与曹晦之、晁子庄、徐得之、王元直、秦少章同来，时主僧皆出，庭户寂然，徙倚久之。东坡书。

[译文]

梵天寺位于山川坛的后面，宋朝乾德四年由吴越王钱镠建造，命名为南塔寺。治平十年改名为梵天寺。元朝元统年间遭到毁坏，明朝永乐十五年重新修建。有两座石塔、灵鳗井、金井。在此之前，四明山阿育王寺里面有灵鳗井。钱武肃王迎来阿育王的舍利子放在梵天寺里面供奉，在南廊凿井的时候，井内忽然出现了灵鳗，赞宁和尚写有记文。苏东坡在杭州做官的时候，寺里的守诠和尚在梵天寺住持。苏东坡来拜访时，看到墙壁上有守诠和尚写的诗句："落日寒蝉鸣，独归林下寺。柴扉夜未掩，片月随行履。惟闻犬吠声，又入青萝去。"苏东坡执笔写诗唱和道："但闻烟外钟，不见烟中寺。幽人行未已，草露湿芒履。惟应山头月，夜夜照来去。"清丽邈远，幽静深邃，两个人的气味互相投合。

苏轼的《梵天寺题名》中说：

十五年前，我拄着拐杖穿着芒鞋，往来于南北山之间。这里的鱼鸟都认识，何况是诸位道人呢！再来的时候感到茫然，见面的都是晚辈，只感觉悲痛遗憾。子瞻写。

元祐四年十月十七日，我和曹晦之、晁子庄、徐得之、王元直、秦少章一起前来，当时寺里管事的和尚都外出了，庭院很寂静。我们几个在院子里徘徊很久。东坡写。

胜果寺

胜果寺，唐乾宁间，无着禅师建。其地松径盘纡，涧淙潺瀫。罗刹石在其前，凤凰山列其后，江景之胜无过此。出南塔而上，即其地也。宋熙宁间，有寺僧清顺住此。顺约介寡交，无大故不入城市。士夫有以米粟馈者，受不过数斗，盎贮几上，日取二三合啖之，蔬笋之供，恒缺乏也。一日，东坡至胜果，见壁间有小诗云："竹暗不通日，泉声落如雨。春风自有期，桃李乱深坞。"问谁所作，或以清顺对。东坡即与接谈，声名顿起。

僧圆净《胜果寺》诗：

深林容鸟道，古洞隐春萝。天迥闻潮早，江空得月多。
冰霜从草木，舟楫玩风波。岩下幽栖处，时闻白石歌。

僧处默《胜果寺》诗：

路自中峰上，盘回出薜萝。到江吴地尽，隔岸越山多。
古木丛青蔼，遥天浸白波。下方城郭近，钟磬杂笙歌。

［译文］

胜果寺，是唐朝乾宁年间无着禅师所建造。这里的小路边上松树盘曲，山涧里流水淙淙。罗刹石在胜果寺的前面，凤凰山在它的后面，观看优美的钱塘江景色，没有比这里更合适的了。从南塔出来攀援而上，就是胜果寺。宋朝熙宁年间，有一位法号叫清顺的和尚在这里住持。清顺禅师简朴耿直，少有交游，没有大事从不进城。有士大夫来赠送米粮，清顺禅师接受不超过几斗，用瓦盆装了放在桌子上，每天取两三合来吃，常常缺乏蔬菜竹笋之类的供应。有一天，苏东坡来到胜果寺，看到墙壁上有一首小诗写道："竹暗不通日，泉声落如雨。春风自有期，桃李乱深坞。"问是谁写的诗，有人回答说是清顺禅师。东坡就和清顺禅师交谈，由此顿时声名鹊起。

僧圆净《胜果寺》诗：

深林容鸟道，古洞隐春萝。天迥闻潮早，江空得月多。
冰霜从草木，舟楫玩风波。岩下幽栖处，时闻白石歌。

僧处默《胜果寺》诗：

路自中峰上，盘回出薜萝。到江吴地尽，隔岸越山多。
古木丛青蔼，遥天浸白波。下方城郭近，钟磬杂笙歌。

五云山

五云山去城南二十里，冈阜深秀，林峦蔚起，高千丈，周回十五里。沿江自徐村进路，绕山盘曲而上，凡六里，有七十二湾，石磴千级。山中有伏虎亭，梯以石城，以便往来。至顶半，冈名月轮山，上有天井，大旱不竭。东为大湾，北为马鞍，西为云坞，南为高丽，又东为排山。五峰森列，驾轶云霞，俯视南北两峰，若锥朋立。长江带绕，西湖镜开，江上帆樯，小若鸥凫，出没烟波，真奇观也。宋时，每岁腊前，僧必捧雪表进，黎明入城中，霰犹未集，盖其地高寒，见雪独早也。山顶有真际寺，供五福神，贸易者必到神前借本，持其所挂楮镪去，获利则加倍还之。借乞甚多，楮镪恒缺。即尊神放债，亦未免穷愁。为之掀髯一笑。

袁宏道《御教场小记》：

余始慕五云之胜，刻期欲登，将以次登南高峰。及一观御教场，游心顿尽。石篑尝以余不登保俶塔为笑。余谓西湖之景，愈下愈冶，高则树薄山瘦，草髡石秃，千顷湖光，缩为杯子。北高峰、御教场是其样也。虽眼界稍阔，然此躯长不逾六尺，穷目不见十里，安用许大地方为哉！石篑无以难。

［译文］

五云山距离城南有二十里地，这里的山冈深幽俊秀，长满树林的山峦蔚然耸立，有上千丈高，周长有十五里。沿着江岸从徐村进入道路，绕着山路盘旋而上，共有六里路，七十二道弯，上千级石台阶。山中有一座伏虎亭，以石头做台阶，以便来往。到了半山腰，山冈的名字叫月轮山，上边有天井流水，大旱的时节也不枯竭。东边是大湾山，北边是马鞍山，西边是云坞山，南边是高丽山，再往东是排山。五座山峰森然排列，高出云霞，向下俯视南北两座山峰，就像锥子并立在一起。长江像腰带一样缠绕，西湖像是打开的一面镜子，江上的船只小得如同水鸟，出没在烟波里面，真是奇异的景观啊。宋朝时，每年的腊月以前，寺里的和尚一定会捧着山上的白雪进献，黎明时分进到城中，雪珠还没有聚成，因为这里山高寒冷，雪下得较早。山顶上有一座真际寺，供奉着五福神，做生意的人一定会来到神像前借本钱，把悬挂在这里的纸钱拿走，获利之后再加倍还回来。来借纸钱的人很多，纸钱常常缺乏。即使是神仙放债，也不免穷困发愁。看到这种场景，聊为拂须一笑。

袁宏道的《御教场小记》中说：

我先前仰慕五云上的胜景，定了时间想要来爬山，要按照顺序登上南高峰。等来到御教场一看，游览别处的心思全都没有了。石篑曾经笑话我不去登上保俶塔。我说，西湖的景致，越往下边越美丽，高处树木稀少，山势消瘦，石头和小草都光秃秃的，上千顷的西湖美景，缩成了一个水杯大小。北高峰、御教场就是例子。虽然登上去眼界稍微开阔了点，但是人的身躯高不过六尺，极目所见不过十里地远，哪里用得着很大的地方呢！石篑无言以对。

云栖

云栖，宋熙宁间有僧志逢者居此，能伏虎，世称伏虎禅师。天僖中，赐“真济院”额。明弘治间为洪水所圮。隆庆五年，莲池大师名袾宏，字佛慧，仁和沈氏子，为博士弟子，试必高等，性好清净，出入二氏。子殇妇殁。一日阅《慧灯集》，失手碎茶瓯，有省，乃视妻子为鹘臭布衫，于世相一笔尽勾，作歌寄意，弃而专事佛，虽学使者屠公力挽之，不回也。从蜀师剃度受具，游方至伏牛，坐炼呓语，忽现旧习，而所谓一笔勾者，更隐隐现。去经东昌府谢居士家，乃更释然，作偈曰："二十年前事可疑，三千里外遇何奇。焚香执戟浑如梦，魔佛空争是与非。"当是时，似已惑破心空，然终不自以为悟。归得古云栖寺旧址，结茅默坐，悬铛煮糜，日仅一食。胸挂铁牌，题曰："铁若开花，方与人说。"久之，檀越争为构室，渐成丛林，弟子日进。其说主南山戒律，东林净土，先行《戒疏发隐》，后行《弥陀疏钞》。一时江左诸儒皆来就正。王侍郎宗沐问："夜来老鼠唧唧，说尽一部《华严经》？"师云："猫儿突出时如何？"自代云："走却法师，留下讲案。"又书颂云："老鼠唧唧，《华严》历历。奇哉王侍郎，却被畜生惑。猫儿突出画堂前，床头说法无消息。《大方广佛华严经》，世主妙严品第一。"其持论严正，诂解精微。监司守相下车就语，侃侃略无屈。海内名贤，望而心折。孝定皇太后绘像宫中礼焉，赐蟒袈裟，不敢服，被衲敝帏，终身无改。斋惟蔬菜。有至寺者，高官舆从，一概平等，几无加豆。仁和樊令问："心杂乱，何时得静？"师曰："置之一处，无事不办。"坐中一士人曰："专格一物，是置之一处，办得何事？"师曰："论格物，只当依朱子豁然贯通去，何事不办得？"或问："何不贵前知？"师曰："譬如两人观《琵琶记》，一人不曾见，一人见而预道之，毕竟同看终场，能增减一出否耶？"甬东屠隆于净慈寺迎师观所著《昙花传奇》，虞淳熙以师梵行素严，阻之。师竟偕诸绅衿临场谛观讫，无所忤。寺必设戒，绝钗钏声，而时抚琴弄箫，以乐其脾神。晚著《禅关策进》。其所述，峭似高峰、冷似冰者，庶几似之矣。喜乐天之达，选行其诗。平居笑谈谐谑，洒脱委蛇，有永公清散之风。未尝一味槁木死灰，若宋旭所议担板汉，真不可思议人也。出家五十年，种种具嘱语中。万历乙卯六月晦日，书辞诸友，还山设斋，分表施衬，若将远行者。七月三日，卒仆不语，次日复醒。弟子辈问后事，举嘱语对。四日之午，命移面西向，循首开目，同无疾时，哆哪念佛，趺坐而逝。往吴有神李昙降毗山，谓师是古佛。而杨靖安万春尝见师现佛身，施食吴中。一信士窥空室，四鬼持灯至，忽列三莲座，师坐其一，佛像也。乩仙之灵者云，张果听师说《心赋》于永明。李屯部妇素不信佛，偏受师戒，逾年屈三指化，云身是梵僧阿那吉多。而僧俗将坐脱时，多请说戒、说法。然师自名凡夫，诸事恐呵责，不敢以闻。化前一日，漏语见一大莲华盖，不复能秘其往生之奇云。

袁宏道《云栖小记》：

云栖在五云山下，篮舆行竹树中，七八里始到，奥僻非常，莲池和尚栖止处也。莲池戒律精严，于道虽不大彻，然不为无所见者。至于单提念佛一门，则尤为直捷简要，六个字中，旋天转地，何劳捏目更趋狂解，然则虽谓莲池一无所悟可也。一无所悟，是真阿弥，请急着眼。

李流芳《云栖春雪图跋》：

余春夏秋常在西湖，但未见寒山而归。甲辰，同二王参云栖。时已二月，大雪盈尺。出赤山步，一路琼枝玉干，披拂照曜。望江南诸山，皑皑云端，尤可爱也。庚戌秋，与白民看雪两堤。余既归，白民独留，迟雪至腊尽。是岁竟无雪，怏怏而返。世间事各有缘，固不可以意求也。癸丑阳月题。

又《题雪山图》：

甲子嘉平月九日，大雪，泊舟阊门，作此图。忆往岁在西湖遇雪，雪后两山出云，上下一白，不辨其为云为雪也。余画时目中有雪，而意中有云，观者指为云山图，不知乃画雪山耳。放笔一笑。

张岱《赠莲池大师柱对》：

说法平台，生公一语石一语；

栖真斗室，老僧半间云半间。

[译文]

云栖，宋代熙宁年间有一个叫志逢的和尚居住在这里，他能降服老虎，世人称之为伏虎禅师。天僖年间，朝廷赐匾名为真济院。明朝弘治年间被洪水冲坏。隆庆五年时，莲池大师的名字叫作袾宏，字佛慧，是仁和县沈氏的儿子，做过博士的弟子，参加考试一定会取得很高的名次，性情喜欢清净，出入于佛道之间。他的妻子和儿子都不幸去世了。有一天他阅读《慧登集》，失手打碎了茶盏，有所醒悟，觉得妻儿就像散发着臭味的污秽布衫，于是和尘俗一笔勾销，作诗寄托自己的心意，抛弃世俗专心事佛。虽然学校的使者屠公尽力挽留他，他也没有回头。他跟随蜀地的师父剃度受具出家，外出云游到了伏牛山，打坐练习呓语，眼前忽然出现以前的生活场景，而原来所谓的一笔勾销也隐隐出现。离开的时候经过东昌府谢居士的家，就更加释然了，作了一首偈子："二十年前事可疑，三千里外遇何奇。焚香执戟浑如梦，魔佛空争是与非。"这个时候，他似乎已经破除迷惑内心空明，但是自己始终不觉得已经悟道。此后他回到古栖云寺的旧址，盖了一座茅屋在那里静坐，支起锅煮饭，每天只吃一顿。胸前挂着一块铁牌子，上面写着："铁若开花，方与人说。"过了很久之后，施主们争相为他建造房子，渐渐地盖成了一大片的房舍，每天都有弟子皈依。他的学说以南山戒律、东林净土为主，先讲解《戒疏发隐》，后讲解《弥陀疏钞》。一时之间江东的儒生们都前来求教。王侍郎宗沐询问他说："夜里老鼠唧唧作响，是讲完了一部《华严经》吗？"禅师说："小猫突然冲出来时怎么样？"然后自己回答说："躲避法师，留下讲案。"又写下一篇颂说："老鼠唧唧，《华严》历历。奇哉王侍郎，却被畜生惑。猫儿突出画堂前，床头说法无消息。大方广佛《华严经》，世主妙严品第一。"他持论庄严端正，解释精妙细致。负有监察之责的郡守到任和他交谈，他从容自如没有一点畏缩的样子。国内的名士贤达，看到他就内心折服。孝定皇太后让人画了他的画像放在宫中礼敬供奉，赐给他绣有蟒蛇的袈裟，但是他不敢穿，终身用的都是破旧的被子帷帐。斋饭只吃瓜菜。有到寺中来的，高官扈从，一律平等对待，吃饭时也没有特别的待遇。仁和的樊县令问他说："我内心杂乱，什么时候才能安静下来？"志逢禅师回答说："把心思放在一处，没有办不成的事。"在座的一个人说："探究一种事物，这就是放在一处，能办成什么事？"志逢禅师说："论格物致知，只应当依照朱熹的方法豁然贯通，什么事办不成？"有人问："为何不重视预先知道事物的内情呢？"志逢禅师说："比如两个人观看《琵琶记》，一个人没有看过，另一个人先前看过而提前说了出来，最终都看了结局，能增加或减少一出吗？"甬东屠隆在净慈寺迎接志逢禅师观看他所撰写的《昙花传奇》，虞淳熙因为志逢禅师向来修行庄严，就上前阻止。禅师最终还是和地方上的士绅和学者到场看完，一点都不生气。寺庙里一般都会设置戒律，杜绝妇人饰物的声音，但是志逢禅师在寺庙里常弹琴吹箫，来娱乐自己的精神。晚年曾撰作《神关策进》。他的论述，峻峭如高峰，寒冷如冰霜，差不多与之相似。他喜欢白居易的豁达洒脱，就挑选了一部分白居易的诗歌刊行。平常没事的时候，谈笑戏谑，洒脱自得，颇有慧永禅师清散的风格。没有一味地像枯木死灰般死板，像宋旭所说的担板汉，真是不可思议的人啊。他出家五十年，每件事都在嘱语里面。万历乙卯年六月最后一天，写信和各位朋友告别，回到山上设置斋饭，分别表明布施的人和物，好像要远行的样子。七月三日的时候，忽然昏厥不语，第二天又醒了过来。他的弟子们向他询问身后事，他抬起头作了回答。七月四日的午时，让人把他面朝西放置，抚摸着头睁开眼，就像没有生病的时候的样子，口中诵佛，盘坐着圆寂了。先前吴地有一位神仙李昙降落在毗山，说志逢禅师是古佛转世。而杨万春曾经见过志逢禅师现出佛身，在吴地施舍食物。一个在家修行的信士看到一间空屋子，见到四个鬼魂拿着灯到来，忽然之间出现三个并排的莲花座，志逢禅师坐在其中一个莲花座上，显出佛陀的法相。乩仙的灵者说，张果在永明听志逢禅师讲说《心赋》。李屯部的妻子从来不信佛，却在志逢禅师处受戒，过了一年就屈三指坐化了，说他的前身是梵僧阿那吉多。佛教和俗世的人坐化时，有很多人来请他来说戒、说法。但是志逢禅师自认为是一个凡夫俗子，遇到各种事情害怕受到别人的指责，所以不敢将事情告知他们。圆寂前的一天，泄漏机密出现一个大的莲花盖，就没能够保守前身是佛的秘密。

袁宏道的《云栖小记》中说：

云栖在五云山的下面，坐着小竹轿在竹树林中行走，七八里才走到，所在之处非常偏僻。莲池和尚戒律精严，对于大道虽然没有大彻大悟，但是也不是没有见地的人。至于单说诵念佛经这件事，特别直接简要，仅仅诵念六个字，就足以让人感到天旋地转，哪里用得着无中生有地去强作解人，但是即使说莲池大师一无所悟也可以。一无所悟，才是真的阿弥陀佛，请赶紧思考。

李流芳的《云栖春雪图跋》中说:

我春夏秋三季常常住在西湖，只是没有见过冬天的栖云山就回去了。万历三十二年的时候，我和王志坚、王志长兄弟二人前去参拜云栖。当时已经是二月了，地上的雪有一尺厚。太阳出来后在山上走，一路的树木琼枝玉干，低垂摇动，互相照耀发出光芒。远望江南的山峰，白皑皑的都矗立云端，特别惹人爱怜。万历三十八年的秋天，和白民一起去两堤看雪。我回去之后，白民独自在那里逗留，到腊月过完也没有等到下雪。这一年最终没有下雪，只好心情郁闷地返回。人世间的事情各有因缘，本来就是不能够刻意相求的。万历四十一年十月题。

又《题雪山图》中说:

天启四年甲子年的十二月九日，下了大雪，在苏州阊门停船，画了这幅画。想到往年在西湖遇到下雪，雪后两座山穿入云端，上下都是白色的，分辨不出来哪是云哪是雪。我作画的时候眼里看的是雪，而心里想的是云，看画的人指着画说是云山图，不知道我画的是雪山罢了。放下画笔聊为一笑。

张岱《赠莲池大师柱对》:

说法平台，生公一语石一语;

栖真斗室，老僧半间云半间。

六和塔

月轮峰在龙山之南。月轮者，肖其形也。宋张君房为钱塘令，宿月轮山，夜见桂子下塔，雾旋穗散，坠如牵牛子。峰旁有六和塔，宋开宝三年，智觉禅师筑之以镇江潮。塔九级，高五十余丈，撑空突兀，跨陆府川。海船方泛者，以塔灯为之向导。宣和中，毁于方腊之乱。绍兴二十三年，僧智昙改造七级。明嘉靖十二年毁。中有汤思退等汇写《佛说四十二章》、李伯时石刻观音大士像。塔下为渡鱼山，隔岸剡中诸山，历历可数也。

李流芳《题六和塔晓骑图》：

燕子矶上台，龙潭驿口路。昔时并马行，梦中亦同趣。

后来五云山，遥对西兴渡。绝壁瞰江立，恍与此境遇。

人生能几何，江山幸如故。重来复相携，此乐不可喻。

置身画图中，那复言归去。行当寻云栖，云栖渺何处。

此予甲辰与王淑士平仲参云栖舟中为题画诗，今日展予所画《六和塔晓骑图》，此境恍然，重为题此。壬子十月六日定香桥舟中。

吴琚《六和塔应制词》：

玉虹遥挂，望青山、隐隐如一抹。忽觉天风吹海立，好似春雷初发。白马凌空，琼鳌驾水，日夜朝天阙。飞龙舞凤，郁葱环拱吴越。　　此景天下应无，东南形胜，伟观真奇绝。好似吴儿

飞彩帜，蹴起一江秋雪。黄屋天临，水犀云拥，看击中流楫。晚来波静，海门飞上明月。（右调《酹江月》）

杨维桢《观潮》诗：

八月十八睡龙死，海龟夜食罗刹水。
须臾海辟龛赭门，地卷银龙薄于纸。
艮山移来天子宫，宫前一箭随西风。
劫灰欲洗蛇鬼穴，婆留折铁犹争雄。
望海楼头夸景好，断鳌已走金银岛。
天吴一夜海水移，马蹀沙田食沙草。
厓山楼船归不归，七岁呱呱啼轵道。

徐渭《映江楼看潮》诗：

鱼鳞金甲屯牙帐，翻身却指潮头上。
秋风吹雪下江门，万里琼花卷层浪。
传道吴王渡越时，三千强弩射潮低。
今朝筵上看传令，暂放胥涛掣水犀。

[译文]

月轮峰在龙山的南边。月轮，说的是它的形状。宋代的张君房担任钱塘县令的时候，有一次借宿在月轮山，晚上看到桂花飘下佛塔，像云雾一样飘旋，像禾穗一样散开，又如同牵牛子一样往下坠落。月轮峰的旁边有一座六和塔，宋朝开宝三年，智觉禅师修造了它用来镇压江潮。六和塔有九层，五十多丈高，直挺挺地插入云霄，站在上面可以看到远方的山川州府。在海上行船的人，把塔上的灯作为向导。宣和年间，六和塔在方腊的暴乱中被毁。绍兴二十三年，智昙和尚将这座塔改建为七层。明朝嘉靖十二年再次被毁。里面藏有汤思退等人汇编撰写的佛说四十二章以及李伯时用石头雕刻的观音菩萨像。塔的下面是渡鱼山，对岸剡中的各个山峰清晰可数。

李流芳的《题六和塔晓骑图》中说：

燕子矶上台，龙潭驿口路。昔时并马行，梦中亦同趣。
后来五云山，遥对西兴渡。绝壁瞰江立，恍与此境遇。
人生能几何，江山幸如故。重来复相携，此乐不可喻。
置身画图中，那复言归去。行当寻云栖，云栖渺何处。

这是我在甲辰年和王平仲参拜云栖的时候在船上写的题画诗，今天展开我所画的《六和塔晓骑图》，这种情景恍若隔世，又重新题写了这些话。万历四十年壬子年十月六日，写于定香桥舟中。

吴琚《六和塔应制词》：

玉虹遥挂，望青山、隐隐如一抹。忽觉天风吹海立，好似春雷初发。白马凌空，琼鳌驾水，日夜朝天阙。飞龙舞凤，郁葱环拱吴越。　　此景天下应无，东南形胜，伟观真奇绝。好似吴儿飞彩帜，蹴起一江秋雪。黄屋天临，水犀云拥，看击中流楫。晚来波静，海门飞上明月。（上面的词调为《酹江月》）

杨维桢《观潮》诗：

八月十八睡龙死，海龟夜食罗刹水。
须臾海辟龛赭门，地卷银龙薄于纸。
艮山移来天子宫，宫前一箭随西风。

劫灰欲洗蛇鬼穴，婆留折铁犹争雄。
望海楼头夸景好，断鳌已走金银岛。
天吴一夜海水移，马蹀沙田食沙草。
厓山楼船归不归，七岁呱呱啼轵道。

徐渭《映江楼看潮》诗：

鱼鳞金甲屯牙帐，翻身却指潮头上。
秋风吹雪下江门，万里琼花卷层浪。
传道吴王渡越时，三千强弩射潮低。
今朝筵上看传令，暂放胥涛掣水犀。

镇海楼

镇海楼旧名朝天门，吴越王钱氏建。规石为门，上架危楼。楼基垒石，高四丈四尺，东西五十六步，南北半之。左右石级登楼，楼连基高十有一丈。元至正中，改拱北楼。明洪武八年，更名来远楼，后以字画不祥，乃更名镇海。火于成化十年，再造于嘉靖三十五年，是年九月又火，总制胡宗宪重建。楼成，进幕士徐渭曰："是当记，子为我草。"草就以进，公赏之，曰："闻子久侨矣。"趋召掌计，廪银之两百二十为秀才庐。渭谢侈不敢。公曰："我愧晋公，子于是文，乃遂能愧湜，倘用福先寺事数字以责我酬，我其薄矣，何侈为！"渭感公语，乃拜赐持归。尽橐中卖文物如公数，买城东南地十亩，有屋二十有二间，小池二，以鱼以荷；木之类，果木材三种，凡数十株；长篱亘亩，护以枸杞，外有竹数十个，笋迸云。客至，网鱼烧笋，佐以落果，醉而咏歌。始屋陈而无次，稍序新之，遂颜其堂曰“酬字”。

徐渭《镇海楼记》：

镇海楼相传为吴越钱氏所建，用以朝望汴京，表臣服之意。其基址、楼台、门户、栏楯，极高广壮丽，具载别志中。楼在钱氏时，名朝天门。元至正中，更名拱北楼。皇明洪武八年，更名来远。时有术者病其名之书画不祥，后果验，乃更今名。火于成化十年，再建于嘉靖三十五年，九月又火。予奉命总督直浙闽军务，开府于杭，而方移师治寇，驻嘉兴，比归，始与某官某等谋复之。人有以不急病者。予曰：“镇海楼建当府城之中，跨通衢，截吴山麓，其四面有名山大海、江湖潮汐之胜，一望苍茫，可数百里。民庐舍百万户，其间村市官私之景，不可亿计，而可以指顾得者，惟此楼为杰特之观。至于岛屿浩渺，亦宛在吾掌股间。高翥长骞，有俯压百蛮气。而东夷之以贡献过此者，亦往往瞻拜低回而始去。故四方来者，无不趋仰以为观游的。如此者累数百年，而一旦废之，使民若失所归，非所以昭太平、悦远迩。非特如此已也，其所贮钟鼓刻漏之具，四时气候之榜，令民知昏晓，时作息，寒暑启闭，桑麻种植渔佃，诸如此类，是居者之指南也。而一旦废之，使民懵然迷所往，非所以示节序，全利用。且人传钱氏以臣服宋而建，此事昭著已久。至方国珍时，求缓死于我高皇，犹知借镠事以请。诚使今海上群丑而亦得知钱氏事，其祈款如珍之初词，则有补于臣道不细，顾可使其迹湮没而不章耶？予职清海徼，视今日务，莫有急于此者。公等第营之，毋浚征于民，而务先以己。”于是予与某官某等，捐于公者计银凡若干，募于民者若干。遂集工材，始事于某年月日。计所构，甃石为门，上架楼，楼基垒石，高若干丈尺。东西若干步，南北半之。左右级曲而达于楼，楼之高又若干丈。凡七楹，础百。巨钟一，鼓大小九，时序榜各有差，贮其中，悉如成化时制。盖历几年月而成。始楼未成时，剧寇满海上，予移师往讨，日不暇至。于今五年，寇剧者禽，来者遁，居者慑不敢来，海始晏然，而楼适成，故从其旧名“镇海”。

张岱《镇海楼》诗：

钱氏称臣历数传，危楼突兀署朝天。
越山吴地方隅尽，大海长江指顾连。
使到百蛮皆礼拜，潮来九折自盘旋。
成嘉到此经三火，皆值王师靖海年。
都护当年筑废楼，文长作记此中游。
适逢困鳄来投辖，正值饥鹰自下鞲。
严武题诗属杜甫，曹瞒拆字忌杨修。
而今纵有青藤笔，更讨何人数字酬！

［译文］

镇海楼以前的名字叫作朝天门，是吴越王钱氏建造的。用圆形的石头做门，上面建造了高高的楼阁。楼的基座用石头垒成，四丈四尺高，东西有五十六步长，南北为二十八步。在左右两边设有石头做的台阶用来登楼，镇海楼算上基座有十一丈高。元朝至正年间，改称为拱北楼。明朝洪武八年，改名为来远楼，后来因为字的笔画数不吉利，就改成了镇海楼。成化十年遭遇火灾，嘉靖三十五年重新建造，本年九月的时候又遭遇火灾，总制胡宗宪又重新修建。镇海楼建好后，胡宗宪招来幕士徐渭说：“这件事该记录下来，你为我起草吧。”徐渭写好草稿后进呈给胡宗宪，胡宗宪赞赏了他，说：“听说你长期寄居在外面。”于是催促掌书记从府库中拿出二百二十两银子为徐渭建房子。徐渭认为太过奢侈推辞不敢接受。胡宗宪说：“我能让晋公裴度惭愧，你写作这篇文章，足以让皇甫湜感到惭愧，倘若用建造福先寺的故事中说的那样以字数来让我付稿酬，那我给的就太少了，所以有什么奢侈的呢！”徐渭听了胡宗宪的话大为感动，于是拜谢后拿回了赏赐的银两。把囊中的卖文所得的钱全部拿出来，按照胡公说的，买了城东南方的十亩地，有二十二间屋子，两个小池塘，养鱼种荷；树木之类的，种有三种果树，共有几十棵；长长的篱笆围着土地，并用枸杞护卫着，外面有数十竿竹子，竹笋已经破土而出。客人来访的时候，抓鱼烧笋，并配以树上的果子，喝醉后就吟咏诗歌。开始时屋子的排列没有次序，后来稍稍排列翻新了一下，于是把他的堂屋命名为“酬字堂”。

徐渭的《镇海楼记》中说：

镇海楼相传是吴越王钱氏所建造，用来朝拜远眺汴京，来表示臣服的心意。它的基址、楼台、门户、栏杆，都极其高大壮丽，都记载在地方志里面了。镇海楼在吴越王时期，叫作朝天门。元朝至正年间，改名为拱北楼。大明洪武八年时，更名为来远楼。当时有术士认为楼名的笔画数不吉利，后来果然应验，于是改成了现在的名字。成化十年的时候遭遇大火，嘉靖三十五年再次修建，当年九月的时候又被大火烧坏。我奉命总督直隶浙江福建军务，在杭州开设幕府，而当时正调动军队平定贼乱，驻扎在嘉兴，等到回来的时候，才和某官某人等计划修复镇海楼。有人说镇海楼不急着修复。我说：“镇海楼正对府城，横跨大道，截断吴地的山脉，楼的四面有名山大海、江湖潮汐的美景，站在上面放眼望去，一片苍茫，能看几百里远。百姓的房屋上百万户，中间村落集市公家私人的各种景象，不能用亿来计算，而可以指出来看的地方，只有这座楼是观看最为方便的。至于说观望那些岛屿烟波，也好像是在我的股掌之间一样容易。镇海楼就像高高飞起的鸟儿，有俯瞰压制百越的气势。东方的少数民族朝贡时经过这里，也往往瞻仰膜拜心悦诚服地离开。所以，从四面八方来这里的人，无不小跑着来瞻仰并把它作为参观游览的中心。这已经有了几百年的历史了，现在一旦废弃了它，百姓就像是失去了所归往的地方，无法昭示天下太平、使远近的民众开心快乐。重建镇海楼的原因并不仅仅是这些，楼上所藏的钟鼓计时的工具，四时气候的榜文，可以让百姓知道时间早晚，进行劳作休息，寒暑的开始与结束，种桑织麻、打鱼种田，像这些事情，都是居住在这里的百姓做事的根据啊。现在一旦废弃了它，会让老百姓茫然迷失，不知所往，也就无法指出时节次序、保全百姓的利益和日用。并且人们相传这座楼是因为钱氏臣服宋朝而修建的，这件事很长时间以来都被人所知。到了方国珍占据此地时，向我太祖高皇帝请求赦免死罪，尚且还知道借用钱镠归顺宋朝的事情来请求。现在假如盘踞海上的叛贼也知道钱镠的故事，他们也发出像方国珍当初请罪时的言辞，那么将很有利于他们懂得做臣子的道理，岂能让这座镇海楼的事迹湮没无闻呢？我的任务是清理近海地区，看现在的事情，没有比这件事更为急迫的了。你们要好好谋划这件事，不要征用百姓来疏通河道，先用自己的力量来做。”于是我和某官某人等，捐钱若干银两，向百姓募集了若干。就召集工匠、建材，在某年某月某日动工修建。根据它的构造计算，砖石做门，上面架楼，用石头垒起来做楼的地基，高若干丈尺。东西长若干步，南北是东西长度的一半。左右两边的台阶盘旋着到达楼上，楼高若干丈。共有七层，上百块基石。上有一口大钟，大小鼓共有九面，标示时令节序的匾额若干，放置在里面，和成化年间的规模全部一样。大约经过几年几个月建成。开始楼还未建成的时候，海上到处是叛贼，我挥师前往征讨，军务繁忙，无暇每天都来观看。到现在已经五年了，强寇被擒，来进犯的已经逃跑，留在海上的不敢前来，大海才归于平静，而这座楼正好建好，所以还用它以前“镇海楼”的旧名。

张岱《镇海楼》诗：

钱氏称臣历数传，危楼突兀署朝天。
越山吴地方隅尽，大海长江指顾连。
使到百蛮皆礼拜，潮来九折自盘旋。
成嘉到此经三火，皆值王师靖海年。
都护当年筑废楼，文长作记此中游。
适逢困鳄来投辖，正值饥鹰自下鞲。
严武题诗属杜甫，曹瞒拆字忌杨修。
而今纵有青藤笔，更讨何人数字酬！

伍公祠

吴王既赐子胥死，乃取其尸，盛以鸱夷之革，浮之江中。子胥因流扬波，依潮来往，荡激堤岸，势不可御。或有见其银铠雪狮，素车白马，立在潮头者，遂为之立庙。每岁仲秋既望，潮水极大，杭人以旗鼓迎之。弄潮之戏，盖始于此。宋大中祥符间，赐额曰“忠靖”，封英烈王。嘉、熙间，海潮大溢。京兆赵与权祷于神，水患顿息，乃奏建英卫阁于庙中。元末毁，明初重建。有唐卢元辅《胥山铭序》、宋王安石《庙碑铭》。

高启《伍公祠》诗：

地大天荒霸业空，曾于青史叹遗功。
鞭尸楚墓生前孝，抉眼吴门死后忠。
魂压怒涛翻白浪，剑埋冤血起腥风。
我来无限伤心事，尽在吴山烟雨中。

徐渭《伍公庙》诗：

吴山东畔伍公祠，野史评多无定词。
举族何辜同刈草，后人却苦论鞭尸。
退耕始觉投吴早，雪恨终嫌入郢迟。
事到此公真不幸，镯镂依旧遇夫差。

张岱《伍相国祠》诗：

突兀吴山云雾迷，潮来潮去大江西。
两山吞吐成婚嫁，万马奔腾应鼓鼙。
清浊溷淆天覆地，玄黄错杂血连泥。
旌幢幡盖威灵远，檄到娥江取候齐。

从来潮汐有神威，鬼气阴森白日微。
隔岸越山遗恨在，到江吴地故都非。
钱塘一臂鞭雷走，龛赭双颐噀雪飞。

灯火满江风雨急，素车白马相君归。

[译文]

吴王将伍子胥赐死后，取来他的尸首装进马皮口袋里，抛进江水中。伍子胥的尸体随着流水扬起波浪，依着潮水来来回回，拍打着堤岸，来势凶猛，无法抵挡。有人看到他穿着银色的铠甲，骑着雪狮，身边有白车白马，站在潮头，于是为他建立了一座祠庙。每年的八月十六，潮水非常大，杭州人摇动旗子击着鼓来迎接涨潮。弄潮的游戏，大概是从此时开始的。宋朝大中祥符年间，朝廷赐了“忠靖”的匾额，追封他为英烈王。嘉祐、熙宁年间，海潮大涨。京城的长官赵与权向神明祈祷，水患立刻就平息了，于是上奏朝廷在庙里兴建英卫阁。元代末年，英卫阁遭到毁坏，明朝初年又重新修建。伍公祠有唐代卢元辅的《胥山铭序》、宋代王安石的《庙碑铭》。

高启《伍公祠》诗：

地大天荒霸业空，曾于青史叹遗功。
鞭尸楚墓生前孝，抉眼吴门死后忠。
魂压怒涛翻白浪，剑埋冤血起腥风。
我来无限伤心事，尽在吴山烟雨中。

徐渭《伍公庙》诗：

吴山东畔伍公祠，野史评多无定词。
举族何辜同刈草，后人却苦论鞭尸。
退耕始觉投吴早，雪恨终嫌入郢迟。
事到此公真不幸，镯镂依旧遇夫差。

张岱《伍相国祠》诗：

突兀吴山云雾迷，潮来潮去大江西。
两山吞吐成婚嫁，万马奔腾应鼓鼙。
清浊溷淆天覆地，玄黄错杂血连泥。
旌幢幡盖威灵远，檄到娥江取候齐。

从来潮汐有神威，鬼气阴森白日微。
隔岸越山遗恨在，到江吴地故都非。
钱塘一臂鞭雷走，龛赭双颐噀雪飞。
灯火满江风雨急，素车白马相君归。

城隍庙

吴山城隍庙，宋以前在皇山，旧名永固，绍兴九年徙建于此。宋初，封其神，姓孙名本。永乐时，封其神，为周新。新，南海人，初名日新。文帝常呼“新”，遂为名。以举人为大理寺评事，有疑狱，辄一语决白之。永乐初，拜监察御史，弹劾敢言，人目为“冷面寒铁”。长安中以其名止儿啼。转云南按察使，改浙江。至界，见群蚋飞马首，尾之蓁中，得一暴尸，身余一钥、一小铁识。新曰：“布贾也。”收取之。既至，使人入市市中布，一一验其端，与识同者皆留之。鞫得盗，召尸家人与布，而置盗法，家人大惊。新坐堂，有旋风吹叶至，异之。左右曰：“此木城中所无，一寺去城差远，独有之。”新曰：“其寺僧杀人乎？而冤也。”

往树下，发得一妇人尸。他日，有商人自远方夜归，将抵舍，潜置金丛祠石罅中，旦取无有。商白新。新曰："有同行者乎？"曰："无有。""语人乎？"曰："不也，仅语小人妻。"新立命械其妻，考之，得其盗，则其私也。则客暴至，私者在伏匿听取之者也。凡新为政，多类此。新行部，微服视属县，县官触之，收系狱，遂尽知其县中疾苦。明日，县人闻按察使来，共迓不得。新出狱曰："我是。"县官大惊。当是时，周廉使名闻天下。锦衣卫指挥纪纲者最用事，使千户探事浙中，千户作威福受贼。会新入京，遇诸涿，即捕千户系涿狱。千户逸出，诉纲，纲更诬奏新。上怒，逮之，即至，抗严陛前曰："按察使擒治奸恶，与在内都察院同，陛下所命也，臣奉诏书死，死不憾矣。"上愈怒，命戮之。临刑大呼曰："生作直臣，死作直鬼！"是夕，太史奏文星坠，上不怿，问左右周新何许人。对曰："南海。"上曰："岭外乃有此人。"一日，上见绯而立者，叱之，问为谁。对曰："臣新也。上帝谓臣刚直，使臣城隍浙江，为陛下治奸贪吏。"言已不见。遂封新为浙江都城隍，立庙吴山。

张岱《吴山城隍庙》诗：

宣室殷勤问贾生，鬼神情状不能名。
见形白日天颜动，浴血黄泉御座惊。
革伴鸱夷犹有气，身殉豺虎岂无灵。
只愁地下龙逢笑，笑尔奇冤遇圣明。

尚方特地出枫宸，反向西郊斩直臣。
思以鬼言回圣主，还将尸谏退佥人。
血诚无籍丹为色，寒铁应教金铸身。

坐对江潮多冷面，至今冤气未曾伸。

又《城隍庙柱铭》：

厉鬼张巡，敢以血身污白日；

阎罗包老，原将铁面比黄河。

［译文］

吴山上的城隍庙，宋代以前在皇山，以前的名字叫作永固，宋高宗绍兴九年迁徙到吴山重建。宋代初年时，封赐了庙神，姓名叫孙本。永乐时期，又封赐庙神，叫周新。

周新，是南海人，初名叫日新。文帝常呼“新”，于是“新”就成为他的名字。周新以举人的身份担任了大理寺评事的职务，遇到疑难案件，他总是一句话就能决断明白。永乐初年时，被授予监察御史的职务，弹劾官员敢于进言，人们把他看作是“冷面寒铁”。长安城中有人用他的名字来止住小儿的啼哭。后来转任云南按察使，又改任浙江。到了浙江的地界，看到一群蚊蚋飞到马首跟前，尾随蚊子到蓁中，找到一具尸体，身上有一个钥匙、一把小铁尺。周新说：“这是卖布的商人。”把小铁尺取来收好。到任以后，让人到集市去买布，一一检验布头，和尺子上相同的都留下来。审讯后抓到了盗贼，召来死者家人把布还给他们，并依法处置了盗贼，家里人非常吃惊。刚坐堂时，一阵旋风把一片叶子吹到了跟前，他很惊异。侍从们说：“城中没有这种树，有一座寺庙离城比较远，唯独那里有这种树。”周新说：“难道是那座寺中的僧人杀人吗？有冤情啊。”于是前往寺庙，在树下挖出一具妇人的尸体。有一天，有一个商人从远方连夜回来，将到家的时候，暗中把金子放在了祠堂的石缝里面，早上去取就没有了。

商人告诉周新。周新说:“有同行的人吗?”商人说:“没有。”周新问:“告诉别人了吗?”商人说:“没有，只告诉了我的妻子。”周新立刻下令把他的妻子抓捕过来，拷问她，抓到了盗贼，原来是她的情夫。原来是商人突然回来，情夫在躲藏的地方听到了这件事。凡是周新处理政事，大多都像这样。周新微服巡视下属各县，县官碰到他，把他收押在狱中，于是他全部了解到县中百姓的疾苦。第二天，县里人听说按察使来到，都出来迎接，也没有接到。周新出狱后说:“我就是。”县官大为吃惊。在这个时候，周新廉使的名声已经被天下人所知了。锦衣卫的指挥纪纲掌握大权，让千户在浙中地区探事，千户作威作福接受贿赂，适逢周新进京，在涿州遇到他，就抓捕了他，囚系在涿州监狱。千户逃出，告诉纪纲，纪纲便连续上奏诬告周新。皇上发怒，下令抓捕周新，立即押到。周新在皇帝面前态度严正地说:“按察使抓捕惩治奸恶之人，和在朝中的都察院的职责相同，是陛下所命令的。我奉诏而死，死了也没有遗憾。”皇上更加发怒，命令杀了他。周新临刑大喊道:“活着做正直的臣子，死后也做正直的鬼魂!”这天晚上，太史上奏天上的文星坠落，皇上不高兴，问左右周新是哪里的人。身边人回答说:“是南海人。”皇上说:“岭外竟然有这样的人才。”有一天，皇上看见一个穿红色衣服的人站在面前，呵叱他，问他是谁。那人回答说:“我是周新。上帝认为我刚强正直，让我在浙江做城隍，为陛下惩治奸邪贪婪的官吏。”说完就不见了。皇上于是封周新做浙江的都城隍，在吴山修造了祠庙。

张岱《吴山城隍庙》诗:

宣室殷勤问贾生，鬼神情状不能名。
见形白日天颜动，浴血黄泉御座惊。

革伴鸱夷犹有气，身殉豺虎岂无灵。
只愁地下龙逢笑，笑尔奇冤遇圣明。

尚方特地出枫宸，反向西郊斩直臣。
思以鬼言回圣主，还将尸谏退佥人。
血诚无籍丹为色，寒铁应教金铸身。
坐对江潮多冷面，至今冤气未曾伸。

又《城隍庙柱铭》：

厉鬼张巡，敢以血身污白日；
阎罗包老，原将铁面比黄河。

火德庙

火德祠在城隍庙右，内为道士精庐。北眺西泠，湖中胜概，尽作盆池小景。南北两峰如研山在案，明圣二湖如水盂在几。窗棂门槕凡见湖者，皆为一幅图画。小则斗方，长则单条，阔则横披，纵则手卷，移步换影。若遇韵人，自当解衣盘礴。画家所谓水墨丹青，淡描浓抹，无所不有。昔人言“一粒粟中藏世界，半升铛里煮山川”，盖谓此也。火居道士能为阳羡书生，则六桥、三竺，皆是其鹅笼中物矣。

张岱《火德祠》诗：

中郎评看湖，登高不如下。千顷一湖光，缩为杯子大。

余爱眼界宽，大地收隙罅。瓮牖与窗棂，到眼皆图画。

渐入亦渐佳，长康食甘蔗。数笔倪云林，居然胜荆夏。
刻画非不工，淡远长声价。余爱道士庐，宁受中郎骂。

［译文］

火德祠在城隍庙的右边，里面是道士的精庐。在这里向北眺望西泠，西湖中的美景，都成为盆中小景了。南北两座山峰就像几案上的砚山，明圣两湖就像几案上的水盂。从窗棂门户往外看，凡是能看到湖水的地方，都是一幅美丽的图画。小的有一斗见方，长的则是一长条状，宽的则横向披览，竖着的如同画卷，移动一个位置，就换了一幅图景。如果遇到雅士，一定会解开衣服箕踞而坐。画家所说的水墨丹青，淡描浓抹，无所不有。前人曾说“一粒粟中藏世界，半升铛里煮山川”，说的就这样的情景吧。火居道士能做阳羡书生，那么六桥和三座天竺寺就都是他鹅笼中的东西了。

张岱《火德祠》诗：

中郎评看湖，登高不如下。千顷一湖光，缩为杯子大。
余爱眼界宽，大地收隙罅。瓮牖与窗棂，到眼皆图画。

渐入亦渐佳，长康食甘蔗。数笔倪云林，居然胜荆夏。
刻画非不工，淡远长声价。余爱道士庐，宁受中郎骂。

芙蓉石

芙蓉石，今为新安吴氏书屋。山多怪石危峦，缀以松柏，大皆合抱。阶前一石，状若芙蓉，为风雨所坠，半入泥沙。较之寓林奔云，尤为茁壮。但恨主人深爱此石，置之怀抱，半步不离，楼榭逼之，反多阨塞。若得础柱相让，脱离丈许，松石间意，以淡远取之，则妙不可言矣。吴氏世居上山，主人年十八，身无寸缕，人轻之，呼为吴正官。一日早起，拾得银簪一枝，重二铢，即买牛血煮之以食。破落户自此经营五十余年，由徽抵燕，为吴氏之典铺八十有三。东坡曰："一簪之资，可以致富。"观之吴氏，信有然矣。盖此地为某氏花园，先大夫以三百金折其华屋，徙造寄园，而吴氏以厚值售其弃地，在当时以为得计。而今至吴园，见此怪石奇峰，古松茂柏，在怀之璧，得而复失，真一回相见，一回懊悔也。

张岱《芙蓉石》诗：

吴山为石窟，是石必玲珑。此石但浑朴，不复起奇峰。
花瓣几层摺，堕地一芙蓉。痴然在草际，上覆以长松。
濯磨如结铁，苍翠有苔封。主人过珍惜，周护以墙墉。
恨无舒展地，支鹤闭韬笼。仅堪留几席，聊为怪石供。

［译文］

芙蓉石，现在是新安吴氏的书屋。山上有很多奇形怪状的石头和高高的岩石，又有松树和柏树点缀其间，大的都有两臂合抱粗细。台阶前有一块石头，形状如同芙蓉花，这块石头是被风雨吹落，有一半进到了泥沙里面。和寓林里的奔云石相比，更加结实硕大。遗憾的是它的主人非常喜欢这块石头，放在怀抱里，寸步不离，亭台楼榭离它很近，反而有很多损伤。如果楼阁的基石能够相互谦让，离开一丈左右的距离，松树和石头之间的意趣，以闲淡幽远的情致去看它，则会美妙得无法言说了。吴氏世代都居住在上山，主人十八岁，极其穷困，人们都轻视他，叫他吴正官。有一天早上起来，他拾到一支银簪子，有两铢重，于是就卖掉买了牛血煮熟给那些破落户吃。从此经营了五十年，从安徽到燕地，吴氏的当铺开了八十三间。苏东坡说："一支簪子的资本，也可以致富百万。"从吴氏那里来看这句话，确实是有这样的事情啊。大概这里原来是某氏的花园，我已经去世的祖父用三百金的价格卖掉了原来的豪宅，搬到这里建造寄园，而吴氏用高价卖掉了他原本不要了的地方，在当时认为是契合自己的心意。现在到了吴园，看到这里的怪石奇峰，古老的松树、茂盛的柏树，怀中的宝玉，得而复失，真的是见一回悔一回啊。

张岱《芙蓉石》诗：

吴山为石窟，是石必玲珑。此石但浑朴，不复起奇峰。
花瓣几层摺，堕地一芙蓉。痴然在草际，上覆以长松。
濯磨如结铁，苍翠有苔封。主人过珍惜，周护以墙墉。
恨无舒展地，支鹤闭韬笼。仅堪留几席，聊为怪石供。

云居庵

云居庵在吴山，居鄙。宋元祐间，为佛印禅师所建。圣水寺，元元贞间，为中峰禅师所建。中峰又号幻住，祝发时，有故宋宫人杨妙锡者，以香盒贮发，而舍利丛生，遂建塔寺中，元末毁。明洪武二十四年，并圣水于云居，赐额曰“云居圣水禅寺”。岁久殿圮，成化间僧文绅修复之。寺中有中峰自写小像，上有赞云:“幻人无此相，此相非幻人。若唤作中峰，镜面添埃尘。”向言六桥有千树桃柳，其红绿为春事浅深，云居有千树枫柏，其红黄为秋事浅深，今且以薪以槱，不可复问矣。曾见李长蘅题画曰:“武林城中招提之胜，当以云居为最。山门前后皆长松，参天蔽日，相传以为中峰手植，岁久浸淫，为寺僧剪伐，什不存一，见之辄有老成凋谢之感。去年五月，自小筑至清波，访友寺中，落日坐长廊，沽酒小饮已，裴回城上，望凤凰、南屏诸山，沿月踏影而归。翌日，遂为孟旸画此，殊可思也。”

李流芳《云居山红叶记》:

余中秋看月于湖上者三，皆不及待红叶而归。前日舟过塘栖，见数树丹黄可爱，跃然思灵隐、莲峰之约，今日始得一践。及至湖上，霜气未遍，云居山头，千树枫柏尚未有酣意，岂余与红叶缘尚悭与？因忆往岁忍公有代红叶招余诗，余亦率尔有答，聊记于此:“二十日西湖，领略犹未了。一朝别尔归，此游殊草草。当我欲别时，千山秋已老。更得少日留，霜酣变林杪。子常为我言，灵隐枫叶好。千红与万紫，乱插向晴昊。烂然列锦绣，森然建旂旐。一生未得见，何异说食饱。”

高启《宿幻住栖霞台》诗:

窗白鸟声晓，残钟渡溪水。此生幽梦回，独在空山里。

松岩留佛灯，叶地响僧履。予心方湛寂，闲卧白云起。

夏原吉《云居庵》诗：

谁辟云居境，峨峨瞰古城。两湖晴送碧，三竺晓分青。
经锁千函妙，钟鸣万户惊。此中真可乐，何必访蓬瀛。

徐渭《云居庵松下眺城南》诗：

夕照不曾残，城头月正团。霞光翻鸟堕，江色上松寒。
市客屠俱集，高空醉屡看。何妨高渐离，抱却筑来弹。
（城下有瞽目者善弹词。）

[译文]

云居庵位于吴山，地处偏僻。宋朝元祐年间，为佛印禅师所建。圣水寺，元朝元贞年间，为中峰禅师所建造。中峰禅师又号为幻住，剃度出家的时候，有个先前宋朝的宫女，叫杨妙锡，用香盒装了他的头发，后来出现了很多舍利子，于是就在寺里修造了一座佛塔，元朝末年被毁。明朝洪武二十四年的时候，把圣水寺合并到了云居庵里，并颁赐了“云居圣水禅寺”的匾额。时间长了大殿倒塌，成化年间文绅和尚修复了大殿。寺中有中峰禅师自己画的画像，上边写有赞文：“幻人无此相，此相非幻人。若唤作中峰，镜面添埃尘。”以前说西湖六桥有上千棵桃树柳树，桃红柳绿可以看出春天时节的变化，云居庵有上千棵枫树乌桕，枫红桕黄可以看到秋天时节的变化，现在都被砍了当柴烧，不再能够看到了。我曾经看到李长蘅在画上题写道：“武林城中寺庙的风景，当以云居庵为最佳。山门前后都栽种着高高的松树，遮天蔽日，相传认为是中峰禅师亲手栽种的，时间长了，被寺里的僧人砍伐，十不存一，看到这些松树就会有年老凋零的感慨。去年五月，我从小筑到清波，去寺里拜访朋友，落日时分坐在长廊里，斟酒小酌后，返回城上，眺望凤凰山、南屏等各个山峰，在月光下踏着影子归来。第二天，就为孟旸画了这幅画，特别值得思索。”

李流芳的《云居山红叶记》中说：

我有三次在中秋节时到西湖赏月，都没有能够等到枫叶变红就回去了。前几天坐船经过塘栖，看到几棵树的叶子红黄可爱，突然想到去灵隐、莲峰游览的约定，今天才得以来到这里。到了湖上，霜气还没有下遍，云居山的山头上，上千棵枫树、乌桕还没有红透黄完，难道是我和红叶的缘分还不够吗？因此想起来往年忍公写有替红叶来邀请我的诗歌，我也随便回赠了一首诗，姑且记在这里：“二十日西湖，领略犹未了。一朝别尔归，此游殊草草。当我欲别时，千山秋已老。更得少日留，霜酣变林杪。子常为我言，灵隐枫叶好。千红与万紫，乱插向晴昊。烂然列锦绣，森然建旍旄。一生未得见，何异说食饱。”

高启《宿幻住栖霞台》诗：

窗白鸟声晓，残钟渡溪水。此生幽梦回，独在空山里。
松岩留佛灯，叶地响僧履。予心方湛寂，闲卧白云起。

夏原吉《云居庵》诗：

谁辟云居境，峨峨瞰古城。两湖晴送碧，三竺晓分青。
经锁千函妙，钟鸣万户惊。此中真可乐，何必访蓬瀛。

徐渭《云居庵松下眺城南》诗：

夕照不曾残，城头月正团。霞光翻鸟堕，江色上松寒。

市客屠俱集，高空醉屡看。何妨高渐离，抱却筑来弹。
（城下有盲人擅长弹词。）

施公庙

施公庙在石乌龟巷，其神为施全，宋殿前小校也。绍兴二十年二月朔，秦桧入朝，乘肩舆过望仙桥，全挟长刃遮道刺之，透革不中，桧斩之于市，观者如堵墙，中有一人大言曰：“此不了汉，不斩何为！”此语甚快。秦桧奸恶，天下万世，人皆欲杀之，施全刺之，亦天下万世中一人也。其心其事，原不为岳鄂王起见，今传奇以全为鄂王部将，而岳坟以全入之翊忠祠，则施全此举，反不公不大矣。后人祀公于此，而不配享岳坟，深得施公之心矣。

张岱《施公庙》诗：

施殿司，不了汉，刺虎不伤蛇不断。
受其反噬齿利剑，杀人媚人报可汗。
厉鬼街头白昼现，老奸至此捹其面。
邀呼簇拥遮车幔，弃尸漂泊钱塘岸。
怒卷胥涛走雷电，雪巘移来天地变。

［译文］

施公庙位于石乌龟巷，供奉的神仙是施全，本是宋朝皇宫大殿前的小卫兵。绍兴二十年二月初一那天，秦桧上朝，坐着小竹轿经过望仙桥，施全带着长剑拦住去路要刺杀秦桧，长剑刺透了革布，没有刺中，秦桧就抓住了施全并将他在闹市斩首。观看斩首的人像围成了一堵墙一样，中间有一个人大声喊道：“这个不懂事的糊涂汉子，为什么不赶快斩杀了他！”这句话说得很痛快。秦桧这个奸邪恶毒的人，全天下世世代代的人都想杀了他，施全去刺杀他，也只是天下万世中的一个而已。他的心事行迹，本来也不是因岳飞的缘故，但现在的人传播奇闻，把施全当成岳飞的部将，而岳飞坟把施全供奉到翊忠祠，那么对于施全的这一刺杀举动，反而太不公平了。后人在这里祭祀施全，而没有把他放在岳飞墓配享祭祀，实在是深深领会了施公的心意啊。

张岱《施公庙》诗：

施殿司，不了汉，刺虎不伤蛇不断。
受其反噬齿利剑，杀人媚人报可汗。
厉鬼街头白昼现，老奸至此揜其面。
邀呼簇拥遮车幔，弃尸漂泊钱塘岸。
怒卷胥涛走雷电，雪巘移来天地变。

三茅观

三茅观在吴山西南。三茅者，兄弟三人，长曰盈，次曰固，季曰衷，秦初咸阳人也。得道成仙，自汉以来，即崇祀之。第观中三像，一立、一坐、一卧，不知何说。以意度之，或以行立坐卧，皆是修炼功夫，教人不可蹉过耳。宋绍兴二十年，因东京旧名，赐额曰“宁寿观”。元至元间毁，明洪武初重建。成化十年建昊天阁；嘉靖三十五年，总制胡宗宪以平岛夷功，奏建真武殿；万历二十一年，司礼孙隆重修，并建钟翠亭、三义阁。相传观中有褚遂良小楷《阴符经》墨迹。景定庚申，宋理宗以贾似道有江汉功，赐金帛巨万，不受，诏就本观取《阴符经》，以酬其功。此事殊韵，第不应于贾似道当之耳。余尝谓曹操、贾似道千古奸雄，乃诗文中之有曹孟德，书画中之有贾秋壑，觉其罪业滔天，减却一半。方晓诗文书画，乃能忏悔恶人如此。凡人一窍尚通，可不加意诗文，留心书画哉？

徐渭《三茅观观潮》诗：

黄幡绣字金铃重，仙人夜语骑青凤。
宝树攒攒摇绿波，海门数点潮头动。
海神罢舞回腰窄，天地有身存不得。
谁将练带括秋空？谁将古概量春雪？
黑鳌载地几万年，昼夜一身神血干。
升沉不守瞬息事，人间白浪今如此。
白日高高惨不光，冷虹随身萦城隍。
城中那得知城外，却疑寒色来何方。
鹿苑草长文殊死，狮子随人吼祇树。
吴山石头坐秋风，带着高冠拂云雾。

又《三茅观眺雪》诗：

高会集黄冠，琳宫夜坐阑。梅芳成蕊易，雪谢作花难。
檐月沉怀暖，江峰入坐寒。暮鸦惊炬火，飞去破烟岚。

[译文]

三茅观在吴山的西南方。三茅，说的是兄弟三人，老大叫茅盈，老二叫茅固，老三叫茅衷，是秦朝初年的咸阳人。这三个人修道成了仙，从汉代以来人民就推崇祭祀他们。只是三茅观中的三个塑像，一个站立，一个坐着，一个躺着，不知道有什么说法。根据我自已的意见来看，可能是说行立坐卧都是在修炼功夫，让人知道不要蹉跎光阴而已。宋朝绍兴二十年，因袭在东京时的旧名字，御赐了“宁寿观”的匾额。元朝至元年间被毁掉，明朝洪武年间重新修建。成化十年时建造了昊天阁。嘉靖三十五年时，总制胡宗宪因为平定海岛上的蛮夷有功，上奏请求建造真武殿。万历二十一年时，司礼监孙隆重新修建，同时建造了钟翠亭和三义阁。相传三茅观里有褚遂良用小楷写的《阴符经》的墨迹。宋朝景定庚申年，宋理宗因为贾似道在鄂州之战中立了功，赐给他数万黄金和丝绸，但是贾似道没有接受，皇帝下令让他到三茅观取《阴符经》，以此来酬谢他的战功。这种特别文雅的事情，只是和贾似道不相称罢了。我曾经说曹操、贾似道都是千古奸雄，但是在诗文中有曹孟德，书画鉴赏中有贾似道，就觉得他们滔天的罪恶也就减去了一半。这才知道通晓诗文书画，竟然能够让人原谅这样的恶人。普通人多少懂一点的，怎么能不对诗文书画多加留意呢?

徐渭《三茅观观潮》诗:

黄幡绣字金铃重，仙人夜语骑青凤。
宝树攒攒摇绿波，海门数点潮头动。
海神罢舞回腰窄，天地有身存不得。
谁将练带括秋空？谁将古概量春雪？

黑鳌载地几万年，昼夜一身神血干。
升沉不守瞬息事，人间白浪今如此。
白日高高惨不光，冷虹随身萦城隍。
城中那得知城外，却疑寒色来何方。
鹿苑草长文殊死，狮子随人吼祇树。
吴山石头坐秋风，带着高冠拂云雾。

又《三茅观眺雪》诗：

高会集黄冠，琳宫夜坐阑。梅芳成蕊易，雪谢作花难。
檐月沉怀暖，江峰入坐寒。暮鸦惊炬火，飞去破烟岚。

紫阳庵

紫阳庵在瑞石山。其山秀石玲珑，岩窦窈窕。宋嘉定间，邑人胡杰居此。元至元间，道士徐洞阳得之，改为紫阳庵。其徒丁野鹤修炼于此。一日，召其妻王守素入山，付偈云："懒散六十年，妙用无人识。顺逆俱两忘，虚空镇长寂。"遂抱膝而逝。守素乃奉尸而漆之，端坐如生。妻亦束发为女冠，不下山者二十年。今野鹤真身在殿亭之右。亭中名贤留题甚众。其庵久废，明正统甲子，道士范应虚重建，聂大年为记。万历三十一年，布政史继辰范涞构空翠亭，撰《紫阳仙迹记》，绘其图景，并名公诗，并勒石亭中。

李流芳《题紫阳庵画》：

南山自南高峰逦迤而至城中之吴山，石皆奇秀一色，如龙井、烟霞、南屏、万松、慈云、胜果、紫阳，一岩一壁，皆可累日盘桓。而紫阳精巧，俯仰位置，一一如人意中，尤奇也。余己亥岁与淑士同游，后数至湖上，以畏入城市，多放浪两山间，独与紫阳隔阔。辛亥偕方回访友云居，乃复一至，盖不见十余年，所往来于胸中者，竟失之矣。山水绝胜处，每恍惚不自持，强欲捉之，纵之旋去。此味不可与不知痛痒者道也。余画紫阳时，又失紫阳矣。岂独紫阳哉，凡山水皆不可画，然不可不画也，存其恍惚而已矣。书之以发孟旸一笑。

袁宏道《紫阳宫小记》：

余最怕入城。吴山在城内，以是不得遍观，仅匆匆一过紫阳宫耳。紫阳宫石，玲珑窈窕，变态横出，湖石不足方比，梅花道人一幅活水墨也。奈何辱之郡郭之内，使山林懒僻之人亲近不得，可叹哉。

王穉登《紫阳庵丁真人祠》诗：

丹壑断人行，琪花洞里生。乱崖兼地破，群象逐峰成。
一石一云气，无松无水声。丁生化鹤处，蜕骨不胜情。

董其昌《题紫阳庵》诗：

初邻尘市点灵峰，径转幽深绀殿重。
古洞经春犹闷雪，危厓百尺有欹松。
清猿静叫空坛月，归鹤愁闻故国钟。
石髓年来成汗漫，登临须愧羽人踪。

［译文］

紫阳庵在瑞石山。瑞石山上面的石头秀美玲珑，岩石中的洞穴深邃幽美。宋朝嘉定年间，我的乡人胡杰在这里居住。元朝至正年间，道士徐洞阳得到了胡杰的住所，改造为紫阳庵。他的徒弟丁野鹤在这里修道炼丹。有一天，丁野鹤叫他的妻子王守素进山，给她一首偈子说："懒散六十年，妙用无人识。顺逆俱两忘，虚空镇长寂。"于是用手抱着双膝坐化了。王守素于是把他的尸身上了漆，端正地坐着就像活着一样。丁野鹤的妻子也把头发束了起来出家做了女道士，二十年都没有下山。现在丁野鹤的真身在殿亭的右边。亭子中有很多名人贤士留下的题词。这座紫阳庵被废弃很长时间了，明朝正统甲子年，道士范应虚重新修建，聂大年为他写了记文。万历三十一年时，布政使史继辰、范涞建造了空翠亭，撰写了《紫阳仙迹记》，画出这里的图景，连同名士的诗作，都刻了石碑立在亭子里。

李流芳的《题紫阳庵画》中说：

南山从南高峰绵延到城中的吴山，山上的石头都很奇特秀美，呈现同一种颜色，像龙井、烟霞、南屏、万松、慈云、胜果、紫阳一样，每块岩石、每面石壁都值得连日徘徊留恋。而紫阳山的精致巧妙，俯视仰视的位置，全都符合人的心意，尤为奇特。我在己亥年和淑士一同来这里游览，后来多次到西湖，因为害怕进到喧嚣的城中，所以大多在两山之间放浪游玩，唯独和紫阳山隔得比较远。辛亥年时带着方回去云居拜访朋友，于是又一次来到这里。大概是因为有十多年没有来看，心中反复想到的景色，竟然都消失了。每到山水绝佳的地方，常常恍恍惚惚，内心无法自持，想要勉强抓住它，但是稍纵即逝。这种体会不能和不知痛痒的人去说道。我在画紫阳山的时候，内心又失去了它。难道仅仅是紫阳吗？凡是好山好水都不能画出来，但是画家又不能不去画，只是存下恍恍惚惚的一面罢了。写下来以供孟旸一笑。

袁宏道的《紫阳宫小记》中说：

我最害怕进城。但是吴山在城内，因此不能够看遍，仅仅是匆匆经过紫阳宫看了一下而已。紫阳宫的山石，玲珑剔透幽娴静美，姿态百出，西湖边上的石头不足以和它相比，它们简直就是梅花道人的一幅活动的水墨画。怎奈错置于城郭里面辱没了它，使那些喜居山林幽僻之处的人无法亲近它，真是可叹啊。

王稺登《紫阳庵丁真人祠》诗：

丹壑断人行，琪花洞里生。乱崖兼地破，群象逐峰成。
一石一云气，无松无水声。丁生化鹤处，蜕骨不胜情。

董其昌《题紫阳庵》诗：

初邻尘市点灵峰，径转幽深绀殿重。
古洞经春犹闷雪，危厓百尺有欹松。
清猿静叫空坛月，归鹤愁闻故国钟。
石髓年来成汗漫，登临须愧羽人踪。